리더여,
유머리스트가
되라

북오션은 책에 관한 아이디어와 원고를 설레는 마음으로 기다리고 있습니다. 책으로 만들고 싶은 아이디어가 있으신 분은 이메일(bookrose@naver.com)로 간단한 개요와 취지, 연락처 등을 보내주세요. 머뭇거리지 말고 문을 두드리세요. 길이 열릴 것입니다.

리더여,
유머리스트가 되라

초판 1쇄 인쇄 | 2011년 11월 30일
초판 1쇄 발행 | 2011년 12월 5일
엮은이 | 민현기 · 이동석
펴낸이 | 조종현
펴낸곳 | 북오션

기획 · 진행 | 유나리
책임편집 | 권기우
편집 | 이상모 · 김지영
마케팅 | 최석진 · 박선영
표지 디자인 | 최희선
본문 디자인 | 박진희
디자인 | 서정희

외주스텝
종 이 | 페이퍼릿
인 쇄 | 광문인쇄
제 본 | 은정제책
라미네이팅 | 대영

주 소 | 서울시 마포구 서교동 468-2번지
이메일 | bookrose@naver.com
카페 | cafe.naver.com/bookrose
전 화 | 영업문의 : 02-322-6709   편집문의 : 02-325-5352
팩 스 | 02-3143-3964

출판신고번호 | 제313-2007-000197호
ISBN 978-89-93662-55-9 03320

리더여, 유머리스트가 되라

민현기, 이동석 엮음

북오션

18세기 영국에서 널리 사용되던 최고의 칭찬 중에 "오! 당신 정말 유머러스하군요!"라거나, "당신은 유머리스트입니다"라는 말이 있다고 한다. 왜 영국 사람들은 유머를 잘 사용하는 사람에게 최고의 칭찬을 건넸던 것일까? 사실 여기에는 유머가 가진 다양한 의미가 숨겨져 있다.

유머(Humor)라는 단어는 우리나라 말로는 '익살, 해학' 정도로 순화될 뿐, 정확하게 대체할 수 있는 단어가 없다. 유머의 상황을 이해하고 표현하는 것 또한 유머가 가진 뜻 중에 하나이며, '기분', '성미' 등의 뜻과 '기분을 잘 맞춰주다' 라는 뜻도 가지고 있다.

고대 생리학에서는 유머를 '체액' 이라고 해석했다. 당대의 유명한 의학자 히포크라테스는 사람의 몸에 '피(Blood)', '황담즙(Yellow Bile)', '흑담즙(Black Bile)', '점액(Phlegm)'의 4가지의 체액이 있으며 이 체액의 조합에 따라 사람의 기질이 달라진다고 생각했다. 고대 사람들은 유머는 그만큼 사람에게 대단히 중요한 요소라고 생각했던 것이다. 또한 유머는 사람의 기력과 체질을 포함한 성격적 소질을 뜻하는 '기질' 이라는 의미로도 사용되었다.

18세기 영국에서 "당신은 유머리스트입니다"라는 칭찬을 다른 방향에서 다시 풀이해 보면 "당신의 기질은 정말 훌륭하군요"라고 할 수도, "당신은 타인을 배려하고 즐거움을 나누는 좋은 사람이군요"라고도 할 수 있을 것이다.

유머의 다양한 의미를 종합해 보면 기분이 좋은 사람, 타인의 기분을 잘 맞추며 즐거움을 나눌 수 있는 사람을 유머리스트(Humorist)라고 할 수 있을 것이다. 필자는 여기서 이 책을 읽는 독자들에게 질문을 던지고 싶다.

"당신은 진정한 유머리스트인가?"

만약 이 질문에 답을 하지 못하고 있다고 하더라도 괜찮다. 이 책을 선택하여 진정한 유머리스트로 가는 출발점에 섰다는 것만으로도 반절의 성공을 이룬 셈이니까. 누구나 세상을 즐겁고 유쾌하게 사는 습관을 통해 우리 뇌에 새로운 신경망을 형성하고 유머러스한 삶을 영위할 수 있으며 그러한 습관이 모여 21세기에 필요한 진정한 유머리스트가 될 수 있다.

"유머리스트는 세상을 즐겁게 인식하고 즐겁게 표현할 수 있는 사람이다."
"유머리스트는 자신과 타인을 함께 행복하게 만드는 사람이다."

우리들은 자신의 삶을 성공과 행복으로 이끄는 이 세상에 단 하나밖에 없는 리더들이다. 그 리더들이 조금 더 즐겁고 유쾌하게 자신의 삶을 가꾸며 더불어 타인에게 좋은 영향을 끼치며 살았으면 한다. 성공과 행복은 함께 할 때 더 아름다운 법이니까.

CONTENTS

HUMORIST

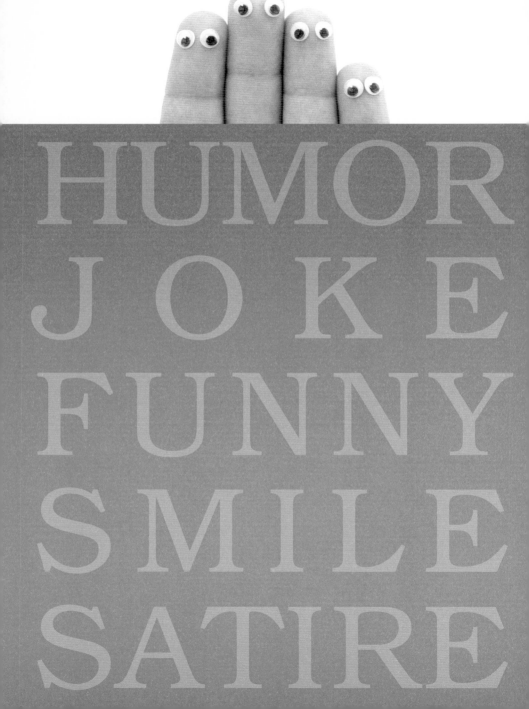

PART 01

웃음 뒤에 깊은 성찰이 있는
메시지 유머

인생이 노래처럼 잘 흘러갈 때에는, 명랑한 사람이 되기는 매우 쉽다. 그러나 진짜 가치 있는 사람은 웃는 사람이다. 모든 것이 잘 안 흘러갈 때에 웃는 사람 말이다.

_ 엘라 휠러 윌콕스

코미디언이자 음악가인 빅터 보르게(Victor Borge)는 "유머는 두 사람 사이의 거리를 가장 가깝게 한다"고 말했다. 이는 그저 웃음만을 목적으로 하는 단순한 유머를 뜻하는 것이 아니라, 마음과 마음을 연결해 줌으로 인간관계를 더욱 단단하게 결속시켜 주는 따뜻한 유머를 말하는 것이다.

"유머는 인간의 타고난 특징으로서, 그것의 본질은 사랑이다."

스나이더(Snyder)의 말이다. 이 말은 사랑을 근본으로 살아가는 인간에게 꼭 필요한 유머는 깊은 성찰과 연민을 느끼게 한다.

유머는 무릎을 탁! 치게 만드는 탁월함과 기발함을 느끼게 하기도 하고, 또 짧지만 깊은 생각에 빠져들게도 한다. 피식하고 웃는 순간에도 짧은 성찰을 가능하게 하는 메시지가 담긴 유머야말로 현대인에게 꼭 필요한 고급 유머라 할 수 있다.

이제 웃음을 유발하고 기분을 좋게 하는 유머에서 한 단계 성장하여 기발한 사고와 진지한 깨달음을 기대할 수 있는 유머의 세계에 들어가 보자! 그 시작은 매우 쉽다. 그저 읽고 느끼고 사용하다 보면 어느새 메시지가 담긴 유머의 고수가 되어있을 테니 말이다.

 금연

두 골초가 담배를 피우고 있었다. 한 골초가 다른 골초에게 심각하게 물었다.

"담배를 안 피우면 장수한다는 게 사실일까?"

"아니, 단지 사람들이 그렇게 느끼는 것뿐이야."

"네가 그걸 어떻게 알아?"

"실은 나도 장수한다는 얘기를 듣고 시험 삼아 하루 끊어봤거든."

"그랬더니?"

하루 끊어 보았다는 골초가 대답했다.

"하루가 얼마나 긴지, 정말 오래 사는 기분이 다 들더라니까!"

접시를 깬 사람은 누구?

      엄마와 딸은 설거지를 하고 아빠와 아들은 TV를 보는데, 갑자기 쨍그랑 하며 접시 깨지는 소리가 났다. 정적 속에서 아빠가 아들에게 말했다.

"누가 접시 깼는지 보고 와."

"아빠는 그것도 몰라? 엄마잖아!"

"보지도 않고 어떻게 알아?"

아들이 아빠를 답답하다는 듯이 쳐다보며 말했다.

"엄마가 아무 말도 안 하잖아!"

명탐정 셜록 홈즈와 그의 영원한 친구 존 왓슨이 야외로 캠핑을 갔다. 저녁을 먹은 후 그들은 텐트를 치고 누워서 잠을 잤다. 얼마 후, 홈즈가 갑자기 왓슨을 깨웠다.

"친구여, 하늘을 보고 뭘 알 수 있는지 알려주게."

왓슨은 하늘을 보면서 잠시 생각하더니 말했다.

"하늘에는 수백만 개의 별이 있다는 사실을 알 수 있지."

"그게 무슨 뜻인가?"

왓슨이 대답했다.

"천문학적으로 은하계가 수백만 개가 있으며 항성이 수십억 개가 있다는 것이지. 그리고 신학적으로는 신은 전능하고 인간은 그에 비하면 너무나 작은 존재라는 것. 기후학적으로 내일 날씨가 맑을 것이라는 것, 이 정도지. 그런데 자네는 뭘 알 수 있는가?"

한동안 말이 없던 홈즈가 이렇게 대답했다.

"누군가 우리 텐트를 훔쳐갔다는 걸 알 수 있지."

허락

　　미국에 레이건 대통령이 테러범의 저격을 받고 중
상을 입었을 때 전국이 상심과 불안에 휩싸였다. 하지만 레이건 대
통령은 극심한 고통 속에서도 전혀 여유를 잃지 않았다.

　레이건 대통령이 저격을 당하자, 응급차가 급히 달려와서 간호사
들이 지혈을 하기 위해 총상 부위를 확인했다. 그러자 레이건 대통
령이 간호사들에게 말했다.

　"내 몸을 만지기 전에 우리 낸시에게 허락은 받았나?"

　심각한 상황에 당황했던 간호사들은 레이건의 유머에 긴장을 풀
고 웃으며 말했다.

　"대통령님, 이미 여사님께 허락을 받았으니 잔소리를
듣지는 않으실 겁니다."

가장 중요한 일

세계적인 자동차 회사인 미국의 GM 최고의 엔지니어 찰스 케터링은 빈틈없는 기술을 가지고 있어 업계는 물론 사회적으로도 널리 알려져 있었다.

어느 날 한 모임에서 사회자가 케터링의 '신화의 손'을 높이 들며 물었다.

"케터링 씨, 이 손으로 한 일 중에서 가장 중요한 일은 무엇이었습니까?"

사회자는 물론 모임에 참석한 사람들은 모두 '자동차의 혁신'이라고 말할 것이라 예상했다. 그러나 그는 이렇게 말했다.

"이 손으로 한 일 중 가장 중요한 일은, 두 손을 모아 기도하는 일이었습니다."

예의

　　미국의 초대 대통령이었던 조지 워싱턴, 어느 날 그의 집에 한 장군이 방문했다. 한참 음식을 먹으며 이야기를 나누고 있는데 한 노예가 들어와 좋은 시간 되시라고 인사를 했다. 그러자 워싱턴이 일어나서 그 노예에게 정중히 답례를 했다. 장군이 궁금해서 물었다.

　"아니, 왜 집안의 노예에게 일어나서 인사를 하십니까?"

　그러자 워싱턴이 대답했다.

"내가 노예보다 예의 없는 사람은 되지 않아야 하지 않겠습니까?"

두 늑대

인디언 추장이 자기 손자에게 사람들의 내면에 일어나고 있는 '큰 싸움'에 관하여 이야기해 주었습니다. 이 싸움은 나이 어린 손자의 마음속에서도 일어나고 있다고 했습니다. 추장은 손자에게 설명했습니다.

"얘야, 우리 모두의 마음속에서는 항상 두 늑대가 싸우고 있단다.

한 마리는 악한 늑대로, 그놈이 가진 것은 화, 질투, 슬픔, 후회, 탐욕, 거만, 자기 동정, 죄의식, 회한, 열등감, 거짓, 자만심, 우월감, 이기심이란다.

그리고 다른 한 마리는 좋은 늑대인데, 그놈이 가진 것은 기쁨, 평안, 사랑, 소망, 인내심, 평온함, 겸손, 친절, 아량, 진실, 믿음이다."

그러자 손자가 할아버지에게 물었습니다.

"할아버지, 그러면 어떤 늑대가 이기나요?"

추장은 간단하게 답했습니다.

"우리가 먹이를 주는 놈이 이기지."

축하합니다

     미국에 조지 부시 대통령이 어느 대학 졸업식장에 연사로 강단에 섰을 때의 일이다. 그는 만감이 교차하는 표정으로 젊은 졸업생을 바라보며 입을 열었다.

"여러분, 졸업을 축하합니다. 특히 평균 C학점으로 졸업하는 분들에게 아낌없는 박수를 보냅니다. 마침내 여러분들도 대통령이 될 수 있는 자격을 갖췄으니까요."

없어서

독일의 의사이자 선교사로서 인류애를 실천했던 슈바이처 박사가 유럽에 기차를 타고 도착했을 때 이야기다. 슈바이처 박사가 역에 도착한다는 소식에 기자와 수많은 추종자들이 기차역에 모였다. 그런데 기차가 도착하고 아무리 기다려도 슈바이처 박사가 나타나지 않았다. 한참 시간이 흐른 후 슈바이처 박사가 나타나자 기자들이 박사에게 재빨리 다가가 물었다.

"아니, 박사님, 1등칸에 타지 않으셨나요?"

"저는 3등칸에 탔어요."

"왜 불편한 3등칸에 타셨나요?"

그러자 슈바이처 박사가 어리둥절한 표정으로 대답했다.

"4등칸이 없어서요."

오발탄

　　인촌 김성수 선생님께서 지금의 고려대학교인 보성 전문학교의 교장으로 계실 때의 일입니다. 선생님께서는 어쩌다 짬이라도 나면 밀짚모자를 푹 눌러쓰고 푸세식 화장실에서 인분을 거름통에 퍼담아 그 통을 메고 나무에 붓곤 했습니다. 그러던 어느 날 선생님께서 화장실을 청소하는 인부들이 중얼중얼 불평하는 소리를 듣게 되었습니다.

　"에이, 더러운 놈들. 대학생이 되어서 똥 하나 제대로 못 누고 바닥에 싸버린담."

　그러자 선생님께서 말씀하셨습니다.

　"여보게들! 그런 소리 하지 말게. 그런 녀석들이 있으니까 자네들 할 일이 있는 거야. 만약 오발탄이 하나도 없이 명중탄만 쏘는 녀석들뿐이라면 자네들 일거리가 줄어들어. 그러면 누군가 그만둬야 하지 않겠는가? 그러니 아무 소리 말고 오발탄 쏘는 녀석들에게 오히려 감사하게나."

물레방아

고대 그리스의 철학자인 소크라테스의 아내 크산티페는 성미가 고약하고 잔소리가 심했다. 사람들이 소크라테스에게 물었다.

"어째서 그런 여자와 사십니까?"

사람들이 묻자, 소크라테스가 대답했다.

"그런 성격을 참고 견뎌낸다면 천하에 다루기 어려운 사람은 없을 걸세."

사람들이 다시 물었다.

"그러면 그 끊임없는 잔소리는 어떻게 견딥니까?"

소크라테스가 살며시 웃으며 말했다.

"물레방아 돌아가는 소리도 귀에 익으면 괴로울 것이 없지."

다시 태어나면
무엇이 되고 싶은가?

　　미국의 자동차 회사 포드의 창업주인 헨리 포드의 이야기다. 젊은 시절 디트로이트의 한 전등회사에 근무하던 그는 하루 10시간씩 직장에서 일하고, 밤에는 지하실에서 무언가를 만들며 밤을 지새웠다. 주위의 모든 사람들이 그가 허송세월을 보내고 있다고 손가락질하고 있을 때, 오직 그의 아내만이 이렇게 말했다.

　"당신은 꼭 성공할 거예요. 언젠가는 당신의 꿈을 이룰 거예요. 나는 당신을 믿어요."

　마침내 그는 자동차 왕으로 알려지며 성공을 이루게 되었다. 어느 날 한 기자가 헨리 포드에게 물었다.

　"당신은 다시 태어나면 무엇이 되고 싶습니까?"

　그러자 헨리 포드가 대답했다.

　"내 아내와 함께라면 무엇으로 태어나든 상관없소."

빨간 망토를 입는 이유

어느 날 선장이 항해 중에 해적선의 기습을 받았다. 선장은 용감한 목소리로 말했다.

"어서 내 빨간 망토를 가져와라!"

빨간 망토를 입은 선장은 힘을 내어 용감하게 싸워 적을 물리쳤다.

그 다음 날, 이번엔 해적선이 5척이나 기습했다. 하지만 선장은 또 빨간 망토를 입고서 용감하게 선원들을 지휘해서 이번에도 해적선을 물리쳤다.

선장의 용감한 모습을 보고 한 선원이 물었다.

"선장님은 왜 빨간 망토만 입으면 그렇게 용감해집니까?"

선원의 물음에 선장이 미소를 지으며 말했다.

"빨간 망토를 입으면 혹시나 내가 칼에 맞아 피를 흘리더라도 너희들이 못 알아봐서 안심하고 싸울 것이 아니냐."

달라진 것

아이젠하워는 두 번의 대통령 임기를 마치고 정계를 은퇴했다. 퇴임 후 그는 골프를 치기 위해 어느 지방 골프 클럽에 갔을 때 게임을 마친 후 골프장 직원이 다가와 물었다.

"백악관을 떠나신 후 뭐 좀 달라진 것이 있습니까?"

"있지. 골프시합에서 나한테 이기는 사람들이 더 많아졌어."

독설

영국의 극작가이자 시인이며 평론가였던 벤 존슨은 어디에 초대되어도 내온 음식을 흉보는 버릇이 있었다. 어찌나 지독하게 깎아내리는지 함께 식사하던 사람조차 식욕이 없어지고 분위기가 엉망이 될 정도였다.

어느 날 그가 초대된 자리에서 식탁에 나온 음식을 먹어보고는 또 이렇게 말했다.

"이건 완전히 돼지먹이네요."

그런데 이 말을 들은 그 집 여주인이 오히려 크게 웃으며 말했다.

"어머나, 그래요? 그렇다면 한 접시 더 드려야겠네요."

그 후로 벤 존슨은 음식을 흉보는 버릇을 고쳤다.

생각의 차이

어느 부부가 쌍둥이 형제를 낳았다. 그런데 한 아이는 아주 부정적이었고, 다른 아이는 낙천적이고 매사를 긍정적으로 보았다. 아이들을 똑같이 사랑하는 부부는 부정적인 아이의 성격을 바꾸기 위해서 쌍둥이의 생일날 각기 다른 선물을 주었다. 부정적인 아이에게는 새 자전거를 비롯한 새 장난감을, 그리고 낙천적인 아이에게는 개똥 한 더미를 선물로 주었다. 하지만 부정적인 아이는 선물을 받자마자 불평했다.

"자전거는 몇 번 타면 곧 더러워질 것이고, 흠집이 생길 거야. 아마 다른 장난감들도 고장이 나서 곧 닳아버리겠지."

그런데 긍정적인 아이는 선물을 받자말자 기뻐서 펄쩍뛰었다. 부부는 궁금해서 아이에게 물었다.

"선물이 개똥인데 뭐가 그렇게 신나니?"

그러자 아이가 이렇게 말했다.

"개똥이 있는 걸 보니 어딘가에 강아지도 있을 같아서
요."

어려움을 이겨내는 방법

　　어느 젊은 여성이 아버지에게 자신이 사회에서 받는 스트레스를 털어놓으며 사는 게 힘들다고 불평을 했다. 아버지는 딸에게 보여줄 것이 있다며 딸을 부엌으로 데리고 갔다. 아버지는 냄비 세 개에 물을 부은 다음, 불 위에 올려놓았다. 첫 번째 냄비에는 당근을 썰어 넣었고, 두 번째 냄비에는 달걀을, 세 번째 냄비에는 커피 가루를 약간 넣었다. 몇 분 후 아버지는 당근과 계란을 꺼내 그릇에 담고, 커피는 컵에 따랐다. 그리고 딸에게 말했다.

　　"사랑하는 딸아, 나는 이 세 가지 재료들로 어려움을 이겨내는 방식을 말해주고 싶구나.

　　자, 보렴. 처음에 딱딱했던 당근은 흐물흐물해졌어. 반면에 깨지기 쉬운 달걀은 더욱 단단해졌단다. 그런데 커피는 어떠니? 물을 더 값진 것으로 바꾸었단다.

　　지금 네게 닥친 문제는 온전히 너 자신에게 달린 문제란다. 흐물

흐물해진 당근처럼 문제 때문에 네가 더 약해질 수도 있고, 삶은 달걀처럼 문제로 말미암아 네가 더 강해질 수도 있단다. 그리고 커피처럼 문제를 너에게 좋은 기회로 바꿀 수도 있지.

　선택은 바로 너 자신이 하는 거란다.”

정체

어느 여름 날, 홍수가 나자 한 노인이 개천의 물이 얼마나 불어났는지 살펴보고 있었다. 그런 노인에게 육군 중령 계급장을 단 군인이 다가와 말했다.

"어르신, 미안합니다만 제가 군화를 벗기가 어려워서 그런데, 혹시 저를 업고 저기까지 건너주실 수 있을까요?"

군인의 부탁에 노인은 흔쾌히 승낙하며 군인을 업었다. 한참을 건너가고 있는데 군인이 물었다.

"어르신께서도 군대에 다녀오셨나요?"

"네, 다녀왔지요."

"사병이셨습니까?"

"아니오, 장교였습니다."

이때 냇가를 다 건넌 노인이 군인을 바닥에 내려주었다. 고마운 마음에 군인이 노인에게 물었다.

"어르신, 고맙습니다. 혹시 성함을 알 수 있을까요?"

노인이 대답했다. 그 대답을 들은 군인은 소스라치게 놀랐다.

자신을 업어 물을 건넌 노인은 당시 미국의 유일한 오성 장군이자, 미국의 독립전쟁을 승리로 이끌었던 독립군 총사령관 조지 워싱턴이었기 때문이었다.

기도문

한 유태인이 아들을 위해 유태인 선생님을 가정교사로 모셨다. 어느 날 아들의 공부방을 살짝 들여다 보던 유태인은 그만 깜짝 놀랐다. 가정교사가 자기 아들에게 아버지가 죽었을 때 외는 기도문을 가르치고 있었기 때문이다. 유태인은 가정교사에게 항의했다.

"아니, 선생님! 내가 죽으려면 아직 멀었는데, 어째서 우리 아이에게 그런 기도문을 가르치십니까?"

그러자 가정교사가 대답했다.

"염려 마십시오. 댁의 아드님께서 이 기도문을 모두 욀 무렵이면, 아드님은 당신을 더욱 더 사랑하고 존경하게 될 테니까요."

우는 이유

한 늙은 남자가 길거리에 앉아 울고 있었다. 늙은 남자를 본 지나가던 젊은이가 왜 울고 계시는지 물었다.

"나는 백만장자에 멋진 집과 세계에서 가장 좋은 차도 있고, 아름다운 금발 미녀와 결혼도 했소."

이 말에 젊은이가 궁금하다는 듯이 물었다.

"어르신, 모든 사람들이 꿈꾸는 삶을 살고 있는데 뭐가 잘못돼서 여기 공원에 앉아 울고 계십니까?"

그러자 늙은 남자 대답했다.

"내 집이 어딘지가 기억이 안 나!"

기억력이 나빠서

철수가 영희를 만나서 최근에 자신의 기억력이 너무 나빠져서 참 걱정이라고 말했다. 철수의 걱정을 들은 영희가 철수에게 말했다.

"그렇게 고민만 하지 말고 정신과에 한번 가 봐."

"안 그래도 오늘 정신과에 갔었어."

"그래? 그랬더니 뭐래?"

그러자 철수가 말했다.

"우선 돈부터 내라고 하네."

돈의 주인

신이 스님, 신부, 못된 목사를 불렀다. 신은 우선 가장 먼저 스님에게 물었다.

"시줏돈의 주인은 누구인가?"
"큰 원을 그려놓고 돈을 던져 원 안에 떨어지는 것은 제 것이고, 밖으로 떨어지는 것은 부처님 것입니다."

이번에는 신이 천주교 신부에게 물었다.

"헌금으로 들어오는 돈의 주인은 누구인가?"
"저도 큰 원을 그려놓고 던져 원 안에 떨어지는 것은 하느님 것이고, 밖에 떨어지는 것은 제 것입니다."

마지막으로 신이 못된 목사에게 물었다.

"헌금으로 들어오는 돈은 누구의 것인가?"

"저는 원을 그릴 필요도 없습니다. 무조건 위로 던져 하늘로 올라가는 것은 모두 하나님 것이고, 땅으로 떨어지는 것은 모두 제 것입니다."

콤플렉스

우리나라 대표 개그맨이자 전문 MC인 김제동이 팬으로부터 질문을 받았다.

"김제동 씨는 눈이 작은 게 콤플렉스죠?"

그 질문에 김제동이 대답했다.

"저는 제 눈이 작아서 좋습니다. 덕분에 지금까지 한 번도 눈병에 안 걸려봤거든요."

재치 있는 대답에 사람들이 웃을 때, 김제동이 말을 덧붙였다.

"그리고 저는 눈이 작아서 사람을 볼 때 눈으로 보지 않고 마음으로 봅니다."

잘하는 말

　　김수환 추기경이 외국인들과 편안하게 이야기를 하는 모습을 본 국장 신부들 중에 한 명이 물었다.

　"추기경님께서는 몇 개 언어를 하실 수 있습니까?"

　국장 신부의 질문에 김수환 추기경은 오히려 되물었다.

　"나는 두 가지 말을 잘하는데, 그 두 가지가 무엇일까요?"

　그러자 같이 있던 국장 신부들이 저마다 대답했다.

　"추기경님께서 독일에서 유학을 하셨으니 독일어를 잘하시겠지요."

　"일제 강점기를 사셨으니 일본어를 잘하실 것 같습니다."

　그런 국장 신부들의 대답에 추기경은 고개를 가로저으며 말했다.

　"내가 잘하는 두 가지 말이 뭐냐면, 하나는 거짓말이고 다른 하나는 참말입니다."

사랑하는 내 딸에게

가빈아, 아빠다.

엄마, 아빠는 가빈이를 사랑한단다.

사실은 아빠가 엄마보다 많이 사랑한단다. 굳이 표현을 하자면, 열 배 정도 더 많이 사랑한단다. 엄마의 사랑은 아빠의 사랑에 비교하면 아주 형편 없는 수준이란다. 그러니 엄마의 가식적인 사랑에 속지 말고, 현명하게 대처할 수 있는 현명한 가빈이가 되었으면 한다.

책은 마음에 양식이라는 말이 있지. 이건 책이 먹을 수 있는 음식이라는 소리가 아니라, 책을 이용해서 뭔가를 먹을 수 있다는 뜻일 게다.

예를 들자면, 네가 좋아하는 아이스크림이 냉장고에 있지? 그런데 그 아이스크림은 항상 너에 손이 닿을 수 없는 차디찬 냉동실 맨 꼭대기에 있더구나. 아빠는 항상 그것이 무척 가슴 아프단다. 하지만 가빈아, 절대로 좌절하면 안 된단다. 책을 이용하거라!

　이번에도 네 엄마가 230만원이라는 상상을 초월하는 금액으로 엄청난 짓을 했더구나. 아빠는 처음엔 엄마가 출판사를 통째로 샀다는 이야기인 줄 알았다. 23만원이라고 하는 줄 알고 놀랐는데……, 230만원이라고 하더구나. 아빠는 기절하는 줄 알았단다. 책값이 230만원이라니……. 아마도 책을 사면 디지털 TV 같은 걸 사은품으로 주는 것 같다. 네 엄마가 그걸 다 네가 읽으라고 사줬겠니? 지금이라도 엄마가 제 정신으로 돌아와 반품할 수 있도록 우리 함께 기도해보자꾸나.

　어쨌든, 그 책을 냉장고 앞에 차곡차곡 쌓거라. 그리고 그걸 딛고 올라서면 어렵지 않게 아이스크림을 꺼내 먹을 수 있을 거다. 책을 이용하면 사람이 많은 지식과 풍족한 삶을 얻을 수 있다는 것을 알게 될 것이다. 먹을 땐 항상 작은방에 들어가서 문을 걸어 잠그고 먹어라. 엄마한테 걸리면 국물도 없단다.

　그리고 주말이면 항상 네 엄마가 너를 수락산에 끌고 가려고 하더

구나. 억지로 엄마에게 끌려가는 너의 모습이 애처롭기까지 하지만, 아빠는 막아보려고 해도 힘이 없단다. 마치 5천의 군사로 5만의 신라군과 맞서 싸우는 계백 장군 같은 기분이 든단다. 계백 장군이 누구인지 굳이 알 건 없단다. 초등학교에 들어가면 억지로 배우게 되니까 그때 배우면 된단다.

아빠도 요즘 숨어서 힘을 키우고 있으니 조금만 참거라!

가빈아, 사랑한다.

– 가빈이를 사랑하는 아빠가

직업

아인슈타인이 어느 대학에서 주관하는 저녁 파티에 참석하게 되었다. 그곳에서 아인슈타인을 잘 모르는 어느 젊은 여성이 아인슈타인에게 질문을 던졌다.

"선생님의 직업은 무엇이죠?"

아인슈타인이 대답했다.

"나는 물리학을 공부하는 사람이오."

그러자 여인은 아인슈타인을 아래위로 훑어보더니, 웃으면서 이렇게 말했다.

"호호, 전 벌써 대학에서 물리학을 끝냈는데, 선생님은 아직도 못 끝내셨군요. 열심히 하세요."

기사

        한 기자가 도저히 쓸 만한 기사를 찾지 못해 심한 우울증에 걸려버렸다. 너무나 슬픈 나머지 기자는 절벽에서 뛰어내려 자살하기로 했다.

  절벽에서 뛰어내려 자살하기는 찰나, 한 사람이 왔다. 그는 한 번도 안타를 친 적이 없는 야구선수였다. 기자와 야구선수는 서로의 슬픔을 공감하며 같이 자살을 하려고 했다. 기자와 야구선수가 절벽에서 뛰어내리려는 순간, 또 한 사람이 왔다. 그는 불을 한 번도 제대로 끈 적이 없는 소방관이었다. 기자와 야구선수, 소방관은 서로의 슬픔을 공감하며 셋이서 같이 자살을 하기로 했다.

  하나, 둘, 셋, 하면 뛰어내리기로 했는데 그때 기자의 신발끈이 풀렸다. 기자는 "잠깐만!" 하고 외쳤지만, 야구선수와 소방관은 이미 절벽에서 뛰어내려 버렸다. 홀로 남은 기자가 슬픔에 잠겨 말했다.

  "이건 너무나도 슬픈 이야기야. 기사로 써야겠어!"

학력

　　미국의 17대 대통령인 앤드류 존슨은 3살에 아버지를 여의고 너무도 가난하여 학교 문턱에도 가 보지 못했다. 그리고 결혼한 후에야 겨우 읽고 쓰는 법을 배웠다. 그런 그가 17대 대통령 후보에 출마했을 때, 상대편 후보가 많은 사람들 앞에서 앤드류 존슨을 가리키며 말했다.

　"초등학교도 나오지 못한 사람이 나라를 이끌어가는 대통령이을 맡을 수가 있겠습니까?"

　그러자 존슨은 침착하게 대답했다.

　"여러분, 저는 지금까지 예수 그리스도가 초등학교를 다녔다는 말을 들어본 적이 없습니다."

관광

　　　한 미국인 관광객이 서울에 도착해서 거리에 늘어선 큰 건물들을 둘러보았다. 그때 한 한국 소년이 관광객 옆을 지나가자 미국인 관광객이 소년에게 말했다.

"꼬마야, 내가 사는 미국에도 저런 건물들이 있는데, 저 건물보다 네 배는 더 크단다."

"정말요?"

"그럼, 미국에는 저 건물들보다 훨씬 큰 건물들이 많이 있단다."

그러자 한국 소년이 대답했다.

"듣던 대로 미국에는 미친 사람이 진짜 많군요. 저건 정신병원인데요."

질투심

아내가 남편에게 물었다.

"자기 결혼 전에 사귀던 여자 있었어? 솔직히 말해 봐, 응? 지금 얘기하면 화 안 낼게."

"응, 있었어."

"정말? 사랑했어?"

"응. 아주 뜨겁게 사랑했지."

"뽀뽀도 해봤어?"

"당연히 해봤지."

"지금도 그 여자 사랑해?"

"그럼 사랑하지. 첫사랑인데."

아내는 결국 완전히 화가 나서 소리를 질렀다.

"그럼 그년하고 결혼하지 그랬어?"

그러자 남편이 말했다.

"그래서 그년하고 결혼했잖아."

면접

어느 회사 사장이 젊은 입사지원자와 면접을 보면서 몇 가지 질문을 했다.

"우리 회사에서 일하기 위해 명심해야 할 것 중 두 번째로 가장 중요한 것이 있네."

이 말에 젊은 입사자는 잔뜩 긴장하고 대답할 준비를 했다.

"바로 청결함이지. 그런데 혹시 자네 이곳에 들어올 때 매트에 신발을 털고 들어왔나?"

입사자는 기다릴 필요도 없이 바로 대답했다.

"그럼요! 아주 깨끗하게 닦았습니다."

그러자 사장이 말했다.

"그래? 음, 우리 회사에서 일하기 위해 명심해야 할 것 중 가장 중요한 것이 있는데, 바로 진실이지. 안타깝지만 우리 사무실 앞에는 매트가 없다네."

기도

　　　사업가와 목사가 같은 날 죽어 신 앞에 불려갔다.
신이 심판을 내렸다.

　"음~. 목사는 지옥, 사업가는 천국. 이상 끝!"

　신의 심판을 들은 목사가 흥분하여 따졌다.

　"아니, 저는 주의 종으로서 열심히 말씀을 전했는데 내가 왜 지옥
행입니까?"

　신은 목사를 바라보며 말했다.

　"목사 자네가 기도를 할 땐 모두 졸았지만, 저 사업가
가 사업을 할 땐 모두 기도를 했네. 서로 성공하게 해달
라고!"

해? 달?

술에 취한 두 친구가 함께 걷고 있다가 한 친구가 다른 친구에게 이렇게 말했다.

"멋진 밤이야, 저 달 좀 봐."

친구의 그 말에 다른 친구가 코웃음치며 말했다.

"네 눈에는 저게 달로 보이냐? 저건 해야."

두 친구의 말다툼은 이렇게 시작되었다. 그들은 마침 지나가는 사람들에게 그 사람에게 물어보았다.

"저기 하늘에서 빛나고 있는 것이 달입니까, 해입니까?"

그러자 길 가는 사람이 대답했다.

"미안합니다. 제가 이 동네 사람이 아니라서 잘 모르겠네요."

택시비

흑인이 택시를 타고 가다가 신호등에 걸려 택시가 섰다. 마침 옆 차선에도 택시가 서 있었는데, 서로 아는 택시기사인지 옆 차선의 택시기사가 이쪽 기사에게 말을 건네왔다.

"손님 몇 명이나 태웠어?"

"연탄 한 장."

드디어 목적지에 도착하자 택시기사가 미터기를 확인하고 흑인에게 말했다.

"만원입니다."

그러자 흑인은 1천원만 주는 게 아닌가. 택시기사는 다시 말했다.

"아니 손님, 만원이라니까요."

그때 흑인이 대답했다.

"연탄 한 장 값이오."

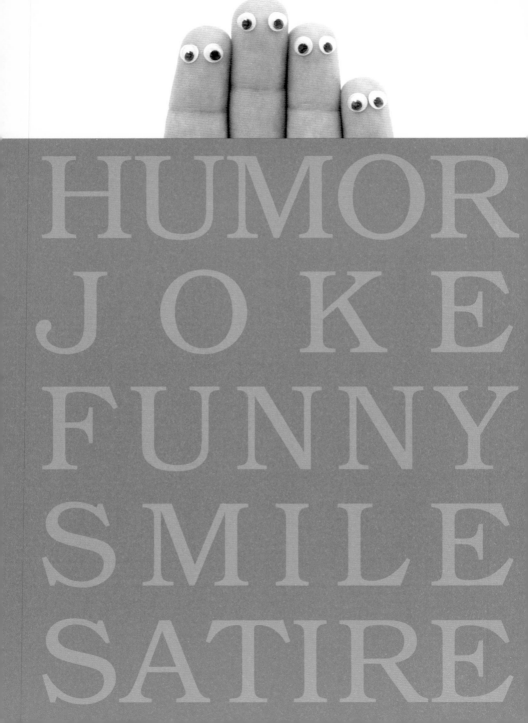

PART 02

가볍게 던지는 유머,
조크

구하면 못 얻을 것이 없다. 그러나 젊은 사람들은 이 점을 잘 모르고 익은 감이 입으로 떨어지기만을 기다리고 있다. 희망은 산과 같아서, 단단히 마음먹고 떠난 사람들은 모두 산꼭대기에 도착할 수 있다. 산은 올라가는 사람에게만 정복된다. 마음을 기쁘게 해주면 해로운 것들을 없애고 수명을 연장할 수 있다.

_ 셰익스피어

HUMO

JOK

FUNI

SMII

SATII

조크(Joke)는 한마디로 앞뒤 문맥이나 특정상황, 목적과 상관없이 단순히 웃음을 유발하기 위해 사용하는 유머 기술이다. '농담' 이라고 말할 수도 있겠지만, 조크는 좀 더 구체적이고 기능적으로 작용한다.

예를 들어 분위기를 딱딱하게 만들 수도 있는 연설 등에서, 첫머리에 조크를 사용한다면 좀 더 자연스럽게 분위기를 환기시키고 청중들의 주목도를 높일 수 있다.

조크는 사용할 수 있는 상황이 비교적 다양하고 유머 초보자들이 암기해서 활용하기에 적합하지만, 반드시 주의해야 할 사항이 몇 가지 있다.

첫째, 국어책 읽듯 문장을 그대로 전달하려고 하지 마라. 친근하게 여유를 보이며 힘을 빼고 말해야 한다.

둘째, 미리 준비하지 않으면 조급해진다. 여유는 연습에서 생긴다. 충분히 연습해야만 유머가 자연스러워질 것이다.

셋째, 유머는 사람들과 소통하며 작용한다. 사람들의 반응을 미리 생각해서 대비하되, 예상 외의 반응을 고려해서 충분한 양을 준비해야 한다.

조크는 첫 만남의 어색함이나 갑자기 썰렁해진 분위기를 부드럽게 만들면서 자연스럽게 대화의 주도권을 가져올 수 있다. 언제 어디서든 쉽게 꺼내 사용할 수 있는 조크로 대화의 첫 단추를 끼워보자.

오아시스

사막에서 길을 잃은 남자가 사흘 동안 물도 못 마시고 걷고 있었다. 그러다 다행히 지나가던 유목민을 만났다.

"오아시스가 어디에 있나요?"

남자의 물음에 유목민이 친절하게 길을 설명해 주었다.

"음……, 저쪽으로 쭉 가 시다가요, 토요일쯤 왼쪽으로 꺾으세요."

성공 비결

기자가 전설적인 세일즈맨을 인터뷰 하며 물었다.

"세일즈맨으로서 대단히 큰 성공을 거두셨습니다. 비결이 있다면 한 말씀 부탁드립니다."

세일즈맨이 대답했다.

"특별한 비결은 없었습니다. 물건을 팔기 위해 집 앞 초인종을 눌렀을 때 아줌마가 나오면 이렇게 말했죠.

'아가씨, 어머니께선 집에 계시나요?'"

확인

한 교회에서 장례식이 있었다. 장례식에 참석한 사람들을 향해 목사가 추도사를 시작했다.

"고인이 되신 분은 참으로 정직했고, 아내에게는 다정하고 헌신적이었으며, 자녀들에게는 자상하고 따뜻한 분이었습니다. 뿐만 아니라 직장에서는 성실하고, 친구들에게는……."

목사님의 추도사를 듣고 있던 고인의 부인이 고개를 설레설레 저으며 옆에 앉아 있는 딸에게 말했다.

"애야, 지금 관 속에 누워 있는 사람이 네 아버지 맞는지 확인 좀 해 봐라."

싫어하는 사람

엄마와 유치원생 아들이 함께 지하철을 탔다. 그런데 지하철을 타자마자 유치원생 아들이 지하철에서 마구 뛰어다니고 의자 위를 올라가 소리를 치고 아주 시끄럽게 굴었다. 주위 사람들이 인상을 찌푸리기 시작하자 엄마는 아들을 붙잡고 일부러 큰소리로 말했습니다.

"엄마가 제일 싫어하는 사람이 어떤 사람이지?"

아들은 엄마를 보며 똑같이 큰소리로 대답했습니다.

"아빠요!"

버스비

한 학생이 버스를 타고서는 지갑이 없는지 한참 동안 가방을 뒤적거리다가, 버스기사에게 작은 목소리로 말했다.

"아저씨, 죄송한데요, 제가 300원밖에 없어서요, 버스비를 다 못 내겠어요……."

아무 대책 없이 버스에 탑승한 학생을 잠시 바라보던 버스기사는 이렇게 말했다.

"그럼 서서 가!"

치매 1

치매기가 약간 있는 할머니와 할아버지가 살고 있었다. 어느 날 할머니가 노래를 흥얼거렸다.

"동해물과 백두산이 마르고 닳도록~~~."

할아버지는 깜짝 놀라서 할머니에게 물었다.

"아니 임자, 어떻게 그 노래를 알우?"

"글쎄, 가물가물하네요. 아마 나 어릴 때 다니던 초등학교 교가인가 봐요."

그러자 할아버지는 할머니 손을 덥썩 잡으며 반갑게 말했다.

"내가 다니던 학교 교가도 그건데……, 임자 우린 동창인가벼!"

치매 2

치매기가 약간 있는 할아버지와 할머니가 살고 있었다. 어느 날 할아버지가 할머니에게 말을 건넸다.

"할멈, 밥 아직 안 됐어?"
"할아범두 참, 방금 전에 드셨잖아요!"
"그랬나?"
"에이~ 그렇대두요!"

일주일 후, 두 사람은 응급실에 실려갔다.

몇 번에 거셨죠?

한 남자에게 모르는 사람의 전화가 걸려왔다.

남자 : 여보세요?

발신자 : 거기에 이윤정 씨 계신가요?

남자 : 그런 사람 없거든요. 혹시 전화 몇 번에 거셨죠?

발신자 : 한 번에요!

복권 당첨

　　　　　회사일로 늦게 귀가하던 아내가 복권 추첨 방송을 보게 되었다. 마침 사놓은 로또 복권이 있어서 발걸음을 멈추고 확인하니, 자신이 1등에 당첨된 것이 아닌가! 아내는 우선 남편에게 전화부터 했다.

"여보, 빨리 짐 싸요. 나 로또 1등에 당첨됐어요!"

남편이 깜짝 놀라며 말했다.

"정말이야? 이게 꿈은 아니겠지? 짐은 어떻게 쌀까?"

답답한 아내가 남편에게 소리쳤다.

"어떻게 싸든 빨리 짐 싸서 나가라고!"

아버지

　　교통사고 현장을 취재하려고 기자가 도착했을 땐 엄청나게 많은 구경꾼들로 인해 도저히 헤치고 들어갈 수가 없었다. 기자의 머리에 문득 좋은 생각이 떠올랐다.

　"좀 비켜주세요. 사고 당하신 분이 저희 아버지십니다."

　사람들은 이상한 표정으로 비켜 주었고, 그 기자는 남모를 미소를 지으면서 현장에 접근했다. 그런데 현장에는……,

개 한 마리가 죽어 있었다.

지하철 계단에서 거지가 양손에 하나씩 모자를 들고 구걸을 하고 있었다. 행인이 모자에 동전을 넣으며 물었다.

"모자가 하나면 되지, 왜 두 개나 들고 있는 거요?"

행인의 물음에 거지가 당당하게 말했다.

"요즘 장사가 잘돼서 체인점을 하나 냈습니다."

성모상

　　　　　남자 초등학생이 성당에 있는 성모상 앞에서 기도를 드리며 말했다.

　"성모님, 내일 제가 시험 잘보게 해주세요. 만약 그렇게 해주지 않으면 당신을 부셔버리겠습니다."

　우연히 지나가던 신부님이 그 말을 듣고 작은 성모상으로 바꿔놓았다. 다음날 그 초등학생이 씩씩대며 작은 성모상에게 소리를 질렀다.

　"야, 너네 엄마 어디 갔어?"

전봇대

　　늦은 밤 중년 신사가 술에 취한 채 길가에서 오줌을 누려고 전봇대 앞에 서 있었다. 신사가 몸을 제대로 가누지 못하자 지나가던 한 청년이 다가와 말했다.

　　"저, 아저씨, 좀 도와드릴까요?"

　　신사는 고맙고 기특하다는 듯 청년을 보며 말했다.

　　"난 괜찮으니 흔들리는 전봇대나 좀 잡아줘."

대단한 연기력

한때 잘나가던 연극 배우 두 사람이 옛날의 잘나가던 전성기 시절은 회고했다.

"내가 햄릿 역을 맡았을 때 죽는 장면을 연기했더니 극장 안이 완전히 울음바다가 되었었지."

그 말을 듣고 있던 다른 배우가 말했다.

"쳇, 그게 뭐 대단한가? 내가 그 장면을 연기했을 땐 그걸 본 보험사 직원이 내 아내를 찾아가 보험금을 지급하려고 했었다네."

자랑

75세 할아버지가 의사를 찾아갔다.

"의사 선생, 내 말 좀 들어보소. 예전엔 안 그랬는데 이젠 예쁜 여자하고 같이 자도 그게 잘 되지 않으니 왜 그렇소?"

"아, 그건 선생님께서 연세가 많으셔서 그런 겁니다."

"그런 소리 마시우. 내 친구는 하루에 한 번씩 안 하고는 못 배긴다고 나한테 자랑하던걸."

의사는 그 말을 듣고 대답했다.

"아, 선생님께서도 말로는 그렇게 자랑하고 다니셔도 됩니다."

괜찮아

　　부부가 결혼 10주년 기념으로 비행기를 타고 외국
여행을 하게 되었다. 비행기가 막 이륙하자마자 아내가 남편에게 말
했다.

　"여보, 큰일났어요! 전기 다리미를 켜놓고 와서 집에 불이 날지도
몰라요."

　이 소리를 들은 남편이 아내에게 말했다.

　"불이 나지는 않을 거요. 생각해 보니 나도 수도꼭지를
안 잠그고 왔거든."

누구 집?

친구가 민식이 집에 전화를 했는데 민식이 아버지가 전화를 받았다.

"여보세요? 거기 민식이네 집이죠?"

그랬더니 민식이 아버지가 무뚝뚝하게 대답했다.

"아니다. 내 집이다."

체온계

아내가 갑자기 아파서 남편이 아내를 데리고 병원에 갔다. 의사는 들어오자마자 환자의 입에 체온계부터 물렸다. 한참 후 체온계를 확인한 뒤에 의사는 병실문을 나섰다. 그러자 남편이 다급한 얼굴로 의사를 쫓아와 물었다.

"의사 선생님, 방금 우리 집사람 입에 물린 거 하나에 얼마나 하나요? 저도 하나 사려고요."

"그냥 일반 체온계를 사시면 됩니다. 평소에도 아내분의 건강을 체크해 주시려고요?"

"아뇨. 그게 지금까지 아내의 입을 가장 오래 다물게 한 거라서요."

낭비

한 친구가 친구에게 말했다.

"야, 내가 어제 TV에서 봤는데 30분 웃으면 5분 더 살 수 있대!"

그러자 친구가 코웃음치며 말했다.

"5분 더 살려고 30분을 낭비하라고?"

방법

　　여러 사람이 모여 도박을 하던 중 갑자기 한 사람이 심장마비로 죽고 말았다. 그래서 죽은 사람의 친구가 죽은 사람의 부인에게 그 사실을 알리러 가게 되었다. 친구는 어떻게 말을 꺼낼까 한참을 망설이다가 초인종을 눌렀다. 부인이 나오자 친구가 말했다.

　"부인, 저는 댁의 남편과 친구인데 말씀 드릴 게 있어서……."

　왠지 화가 머리끝까지 치밀어올라 있던 부인은 친구의 말을 끊고 다짜고짜 물었다.

　"그 사람 또 도박을 하고 있었죠?"

　"예, 그렇습니다."

　"그럼 빈털터리가 되었겠군요?"

　"예, 그렇습니다."

　"정말 지긋지긋해요. 그냥 확 죽어버렸으면 시원하련만!"

　표정이 어둡던 친구는 그제서야 환하게 웃으며 말했다.

　　"부인, 신께서 부인의 뜻을 알고 그 친구를 하늘나라로
데려가셨습니다."

레스토랑

한 남자가 오랜만에 가족을 데리고 고급 레스토랑에 가서 부담스러운 가격임에도 스테이크를 양껏 시켰다. 가족들이 모두 배불리 먹었는데도 스테이크가 많이 남아서 그냥 가기가 아까워졌다. 남자는 음식을 싸달라고 하기가 조금 민망한 생각이 들어 웨이터에게 이렇게 둘러댔다.

"여보게, 웨이터! 남은 음식은 좀 싸주게. 집에 개를 주려고……."

그때 아들이 끼어들었다.

"아빠, 그럼 집에 갈 때 개도 사는 거야?"

미니스커트

서울 구경을 온 시골 할아버지와 할머니가 아주 짧은 미니스커트 차림의 아가씨를 보았다. 할머니가 놀라면서 말했다.

"나 같으면 저런 꼴을 하고는 절대 밖에 나오지를 않겠구먼."

그러자 할아버지가 대답했다.

"당신이 저 정도면 나도 밖에 나오지를 않고 집에만 있겠구먼."

술

애주가 한 사람이 죽어가면서 친구에게 말했다.

"내가 죽으면 내 무덤에 올 때마다 좋은 양주를 병째로 뿌려 주게나."

이 말을 들은 친구가 웃으며 말했다.

"걱정하지 말게. 좋은 양주를 내 콩팥으로 걸러서 뿌려 주지."

세일즈맨

한 사람에게 세일즈맨이 와서 발모제를 팔려고 했다. 그런데 세일즈맨을 보니 머리털이 하나도 없는 게 아닌가?

"아니, 자기 머리카락도 없으면서 무슨 발모제를 판다는 겁니까?"

그러자 세일즈맨이 당당하게 말했다.

"제 친구는 가슴이 없는데도 브래지어를 팔러 다니는데요."

진정한 사실

영어 선생님이 철수에게 영어만 잘하면 안젤리나 졸리 같은 여자를 사귈 수 있다고 말하자 그날부터 철수는 영어 공부를 열심히 하기 시작했다. 그러던 어느 날 철수 동생이 철수 방에 들어왔다.

"형! 지금 뭐해?"

"영어 공부하고 있지!"

"영어 공부는 갑자기 왜 하는거야?"

"선생님이 영어만 잘하면 안젤리나 졸리 같은 여자를 사귈 수 있다고 했거든."

형의 말에 동생이 안타까운 듯이 형 어깨에 손을 올리며 말했다.

"형이 한국말 잘한다고 해서 김태희랑 사귈 수 있는 건 아니잖아."

피신

　　먼 옛날, 도적의 침략을 받은 한 마을사람들은 급히 마을 처녀들을 모두 피신시켰다. 동굴 속에 숨은 처녀들은 무섭지만 괜찮을 거라며 서로 위로하고 있는데, 처녀들 사이 한 구석에 흰 머리의 노파가 있었다. 노파를 본 한 처녀가 노파를 보며 말했다.

　　"아니, 할머니 여기 왜 계세요? 할머니는 여기 숨지 않으셔도 돼요!"

　　그 소리를 들은 노파가 버럭 화를 냈다.

　　"모르는 소리! 도적놈들 중에는 늙은 놈 없다냐?"

소개

어느 고등학교 교장 선생님이 강당에서 새로 부임한 교사를 소개하려고 하는데, 학생들이 너무 떠들어대는 바람에 제대로 말을 할 수가 없었다. 그러자 교장 선생님이 슬픈 표정으로 입을 열었다.

"학생 여러분, 여기 이 분은 왼쪽 팔이 하나밖에 없습니다."

교장 선생님의 말씀에 일순간 학생들은 물을 끼얹은 듯 조용해졌다. 모두가 교장 선생님의 다음 말씀에 귀를 기울였다.

교장선생님은 호흡을 가다듬고 조용히 말했다.

"그리고 오른쪽 팔도 하나밖에 없습니다."

골초의 걱정

담배를 하루에 5갑씩이나 피워대는 골초가 어느 날 목사를 찾아갔다.

"목사님, 요즘 담배를 피는 게 몸에도 좋지 않은 데다가 도의적으로도 아주 나쁘다고 하던데, 그럼 담배를 피면 천국에 가지 못하는 겁니까?"

골초의 진지한 걱정에 목사가 환한 미소로 말했다.

"아뇨, 갈 수 있습니다. 대신 아주 빨리 가죠."

덧셈과 엄마

선생님이 학교에서 학생들에게 덧셈 문제를 내고 있었다.

"자, 철수야, 네가 지금 6천원을 갖고 있어요. 그런데 엄마에게 2천원을 더 달라고 했어요. 그럼 철수는 모두 얼마를 가지게 될까요?"

"6천원이요."

"음……, 철수는 덧셈을 아직 잘 모르는 것 같네요."

"아뇨! 선생님이 우리 엄마를 아직 잘 모르시는 것 같은데요."

딸의 기도

남편이 손님들을 식사에 초대했다. 손님들과 가족들이 식탁에 모두 둘러앉자 아내는 여섯 살 된 딸을 보고 말했다.

"오늘은 우리 예쁜 딸이 기도해 주겠니?"

딸이 대답했다.

"난 뭐라고 해야 하는지 모른단 말이야!"

"엄마가 하는 기도 있잖아. 그대로 하면 되는 거야."

그러자 딸은 고개를 숙이더니 기도했다.

"오 주여, 어쩌자고 이 무더운 날에 사람들을 불러다가 식사를 대접하게 하셨나이까?"

유언

남편은 임종이 다가오자 아내에게 유언을 남겼다.

남편 : 내 자동차는 장남에게 주오.

아내 : 안 돼요. 둘째한테 줘야 해요. 그 애는 자동차가 필요한 직업이니까요.

남편 : 그럼, 예금통장은 셋째에게 주시오.

아내 : 안 돼요. 그 애를 주면 금방 다 써버릴 거예요.

남편 : 그럼 보석은 막내딸에게 주구려.

아내 : 안 돼요. 그 애는 그런 걸 가지면 안 돼요.

남편 : 그럼……, 도대체 죽는 건 누구요?

지위와 명예

어느 대기업 사장이 지방에 출장을 가기 위해 급행 열차 침대칸 표를 끊어 열차에 올랐다. 사장이 지정된 열차의 침대에 누우려는 순간 침대 밑에서 예쁜 아가씨 두 명이 숨어 있다가 나왔다. 아가씨들은 사장에게 애교 섞인 목소리로 사정했다.

"저……, 아저씨 부탁이 있는데요, 도착할 때까지만 저희를 좀 숨겨주세요. 표를 끊지 않았거든요."

그 말을 들은 사장이 말했다.

"난 사회적인 지위와 명예를 중요시하는 사람이며, 아울러 가정이 있는 몸이므로 세인들의 입방아에 오르내리는 것은 싫습니다. 그러니, 한 아가씨는 나가 주세요."

진료기록

어느 날 환자가 의사를 찾아가 진료를 받았다. 그리고 환자는 의사가 진료 차트를 슬쩍 보다가 화들짝 놀라 말했다.

"방금 당신이 내 진료 기록부에 '신근암' 이라고 쓰는 걸 다 봤소. 사실대로 말해주시오. '신근암' 이라니 뭔지는 모르지만 그냥 듣기에도 아주 끔찍한 병인 것 같은데, 그게 도대체 무슨 암이요?"

의사가 불쾌한 표정으로 말했다.

"신근암은 제 이름인데요."

천생연분?

할머니와 할아버지가 퀴즈 프로그램 방송에 출연했다. 할아버지가 빨리 설명하고 할머니가 맞히는 게임이었는데, 답은 '천생연분'이었다. 할아버지가 할머니에게 문제를 설명했다.

"할멈이랑 나 같은 사이를 네 글자로 뭐라고 하지?"

그러자 할머니가 바로 외쳤다.

"평생 웬수!"

의사가 마스크를 쓰는 이유

엄마를 따라 성형외과에 온 딸이 엄마에게 물었다.

"엄마, 의사들은 수술할 때 왜 마스크를 쓰는거야?"

그러자 엄마는 이렇게 말했다.

"그건 말이지, 혹시나 수술이 실패하더라도 환자가 자기 얼굴을 기억하지 못하게 하려고 마스크를 쓰는 거야!"

아내 찾는 방법

백화점에서 한 남자가 섹시한 여성에게 접근했다.

"아가씨, 잠깐만 저랑 말씀 좀 나눠 주시겠어요?"

"왜 그러시는데요?"

남자가 주위를 두리번거리며 말했다.

"여기에서 아내를 잃어버렸는데, 제가 자기보다 예쁜 여자하고 말을 하려고만 하면 없어졌던 아내가 귀신같이 나타거든요."

초능력

한 신문기자가 유명한 과학자에게 가서 물었다.

"박사님은 초능력을 믿으시나요?"

"물론입니다. 전 아주 굳게 믿고 있어요."

"아니, 과학자이신데 어떻게 초능력을 믿으시나요?"

"전 제 부인을 보고 초능력의 존재를 굳게 믿게 되었습니다. 제 부인은 제가 퇴근만 하면 제가 밖에서 뭘 했는지 기가 막히게 알아내거든요."

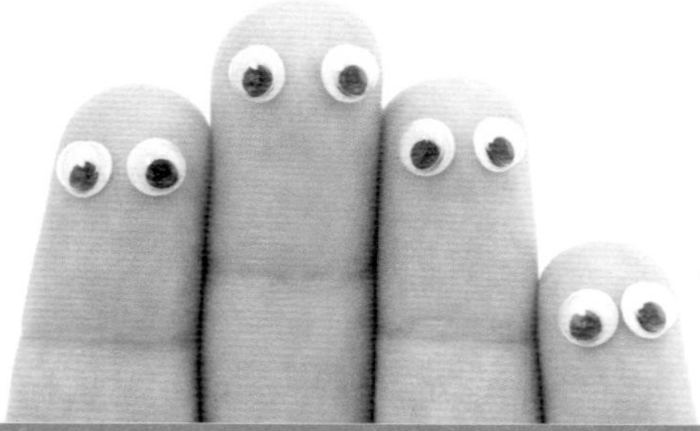

HUMOR
JOKE
FUNNY
SMILE
SATIRE

PART 03

통쾌한 반격이 있는
위트 유머

미소는 만물의 영장인 사람만이 가지고 있는 특권적인 표현이다. 사람은
이 귀한 하늘의 선물을 올바로 이용한다. 문지기도, 심부름꾼도, 안내양도,
그밖에 누구나 이 미소를 지음으로써 손해를 보지는 않는다. 미소는 일을
유쾌하게, 교제를 명랑하게, 가정을 밝게, 그리고 수명을 길게 해준다.
_ 데일 카네기

위트(Wit)는 조크와는 달리 앞뒤 상황과 문맥의 구조에서 생성되는 유머이다. 흔히 '재치'라고 불리는 위트는, 현재 벌어지는 상황에 대한 정확한 인식과 그 상황을 뒤집을 수 있는 다른 상황을 구상해야 하기 때문에 조크보다 상위 수준의 유머라고 할 수 있다. 그리고 흔히 풍자(諷刺)를 인간생활의 결함이나 불합리에 대해 기지 넘치게 비판하는 것을 말하는데, 원래 로마 시대에선 어엿한 문학 장르의 이름이었다. 이러한 이유로 풍자는 문학 작품에서 많이 사용된다. 현실의 부정적 현상이나 모순 등을 빗대어서 비웃고 작품 속의 상황을 실제와는 다르게 더 우스꽝스럽게 만들거나 즐겁게 하고, 때로는 모욕과 멸시 등의 태도를 보여줌으로써 일부러 주제의 심각성을 희석시키고 축소시키는 문학의 한 기교로 사용되고 있다.

유머는 유쾌함이 살아있어야 제 맛이 아닌가? 삼국지에도 장수끼리의 '칼싸움' 이전에 상대방의 기를 제압하고자 교묘하게 상대방을 비웃는 '말싸움'의 풍자가 있었다.

여러 가지 재치 넘치는 유머를 머리에 익히고 입으로 활용하다 보면 어느새 자연스럽게 상황을 모면하고 반전을 기대할 수 있는 위트와 풍자의 대가가 될 수 있다.

대원군에게
두 번 절한 선비

조선 말기, 당시 나는 새도 떨어뜨린다는 대원군의 집에 한 젊은 선비가 찾아왔다. 대원군은 쳐다보지도 않고 붓을 들고 그림만 그리고 있었다.

그런데 이 젊은 선비가 대원군에게 절을 두 번 하고는 바로 일어서는 것이 아닌가? 대원군이 그 젊은 선비에게 향해 이렇게 소리쳤다.

"네 이놈, 들어올 때부터 유심히 보고 있었는데, 어째서 산 사람에게 두 번 절을 하느냐? 나보고 빨리 죽으라는 말이냐?"

젊은 선비는 오히려 태연하면서도 재치 있게 이렇게 대답했다.

"대감님, 그것이 아니라 첫 번째 절은 '처음 뵙겠습니다' 하는 인사의 절이고, 두 번째 절은 대감님이 저를 본 체만체하셔서 '그냥 물러가겠습니다' 하는 절이었습니다."

이 대답은 들은 대원군은 젊은 선비의 태연한 말솜씨에 보통 인물이 아니라고 생각하고 그를 요직에 등용했다 한다.

꼬마의 황당한 질문

도로에는 신호등이 고장 나서 경찰관이 교통 정리를 하고 있었다. 그런데 한 꼬마가 경찰관에게 쪼르르 다가갔다. 꼬마는 경찰관에게 인사를 하며 물었다.

"경찰 아저씨, 안녕하세요. 수고가 많으세요."

귀여운 꼬마의 인사에 기분이 좋아진 경찰이 꼬마를 보며 말했다.

"아, 그래. 고맙구나."

"제가 경찰 아저씨한테 정말 궁금한 게 있는데요."

"아, 그렇구나. 뭐든지 물어보렴."

그러자 꼬마가 경찰관 가슴에 매달린 배지를 가리키며 물었다.

"이 새가 바로 짭새인가요?"

노인들의 군대 이야기

노인들이 모여 앉아 서로 군대 이야기를 하고 있었다. 김 노인이 먼저 말했다.

"난 철원 전투에서 오른쪽 눈에 총알을 맞았었지, 그래서 의사가 다른 사람 눈을 넣어 줬는데, 지금까지 아주 잘 보인다네."

박 노인이 뒤를 이었다.

"난 낙동강 전투에서 두 다리에 총알을 맞았지요. 그런데 군의관이 다른 사람 다리를 감쪽같이 붙여줘서 이렇게 멀쩡하게 걸어다니고 있답니다."

처음 입을 연 김 노인이 가만히 듣고만 있던 다른 노인에게 물었다.

"당신은 어떻습니까?"

노인이 손수건으로 이마를 닦으면서 말했다.

"저는 별로 자랑할게 없습니다. 백마고지 전투에서 한 번 전사한 것 빼고요."

좋은 소식과 나쁜 소식 1

형사가 범인의 집을 덮쳤다. 놀란 범인을 순식간에 체포하는 데 성공한 형사는 이렇게 말했다.

"당신에게 좋은 소식과 나쁜 소식이 있지. 뭐부터 듣고 싶은가?"

"나쁜 소식을 먼저 듣고 좋은 소식을 듣겠소."

"나쁜 소식은 범행 현장에 있었던 핏자국의 DNA를 분석해 보니 당신과 똑같이 일치한다. 그러니 감옥에서 20년은 썩어야겠지."

낙담한 범인이 물었다.

"그럼 좋은 소식은 뭐요?"

형사가 씨익 웃으면서 말했다.

"혈액을 분석해 보니 당신, 콜레스테롤과 혈당 수치는 정상이더라고. 앞으로도 20년 동안은 건강하게 살겠어."

낚시꾼의 재치

　　　　　양손에 고기가 가득 들은 양동이를 든 낚시꾼이 낚시를 끝내고 호숫가에서 주차장으로 걸어 왔다. 이를 본 경찰관이 그를 불러세웠다.

"이봐요! 여기는 낚시 금지 구역이오! 빨리 신분증 제시하세요!"

그러자 낚시꾼이 어리둥절한 표정으로 말했다.

"경찰관님, 이건 잡은 게 아닙니다. 이놈들은 내 애완용 물고기들인데, 가끔 이놈들을 호숫가로 데리고 와서 친구들과 놀 수 있도록 풀어주지요. 그리고 충분히 놀았다 싶으면, 양동이를 물에다 집어넣고 신호를 합니다. 그러면 이놈들이 다시 양동이 안으로 모여들지요."

"그런 이상한 얘기를 어떻게 믿소? 쓸데없이 공무집행 방해하지 말고 어서 신분증 제시하세요!"

"자, 그럼 제가 해 볼 테니 정말인가 거짓말인가 확인이나 해 보고 벌금 딱지를 떼든 말든 하세요."

낚시꾼은 경찰과 함께 호수가로 가서 양동이에 든 물고기들을 다 놓아주었다. 잠시 후에 경찰관이 말했다.

"자, 이제 당신의 애완용 물고기들을 다시 불러 모아보시오!"

경찰관의 그 말에 낚시꾼이 웃으며 말했다.

"물고기라니요? 이건 빈 양동이인데 무슨 말씀이신지?"

진찰

심통을 잘 부리는 환자가 진찰을 받으러 병원에 갔다.

"어디가 편찮으셔서 오셨나요?"

그러자 대뜸 환자가 쏘아 붙였다.

"어디가 아픈지는 의사가 찾아야 하는 거 아니에요?"

"음, 그럼 수의사에게 가셔야 할 것 같습니다."

"아니, 사람이 아픈데 수의사한테 가라구요?"

"네, 아무것도 묻지 않고 진찰하는 사람은 수의사밖에 없거든요."

신동

　　프랑스의 대표적 계몽사상가이자 작가인 볼테르의 어린 시절 이야기다. 신동으로 유명했던 볼테르에게 고약한 노인이 짓궂은 장난을 쳤다.

　"어릴 때 너처럼 영리하게 굴면, 나이 먹어서 바보가 된단다."

　그러자 볼테르가 초롱초롱한 눈으로 노인을 바라보며 말했다.

"그럼 할아버지도 어렸을 때 저처럼 영리했나 보죠?"

차비

한 남자가 시내에 나갔다가 그만 차비를 잃어버렸다. 어쩔 수 없이 용기를 내서 지나가던 예쁜 여자에게 말을 걸었다.

"저, 저기요."

"왜 그러세요?"

"저……, 제가 차비를 잃어버려서요. 혹시 차비 좀 빌릴 수 있을까요?"

"아, 그러시구나. 그런데 혹시 시간 있으세요?"

남자는 예쁜 여자가 혹시 자신에게 관심이 있는 줄 알고 기뻐하면서 대답했다.

"네, 저는 시간 아주 많습니다."

"그럼 걸어가세요."

정상인과 정신병자 구별

어떤 기자가 정신병원 원장에게 어떻게 정상인과 정신병자를 구별하느냐고 물었다.

"먼저 욕조에 물을 채우고 욕조를 비우도록 찻숟가락과 찻잔과 큰 바가지를 욕조 옆에 둡니다."

"아하! 알겠습니다. 그러니까 정상인이라면 찻숟가락보다 큰 바가지를 택하겠군요!"

그러자 원장이 기자를 의심스러운 눈초리로 쳐다보며 말했다.

"아닙니다. 정상인은 먼저 욕조 배수구 마개를 뽑습니다."

머리털

어느 날 영희가 엄마에게 물었다.

"엄마, 아빠 왜 머리털도 없고 대머리야?"

엄마는 영희의 당돌한 말에 잠시 말문이 막혔지만, 화를 꾹 참고 영희에게 설명해 주었다.

"응, 그건 아빠가 너무 똑똑해서 그래."

그러자 영희가 엄마를 보며 말했다.

"아, 그래서 엄마가 머리털이 많구나!"

상의 1

　　남편이 미장원에 다녀온 아내의 머리를 보고 갑자기 화를 벌컥 냈다.

　　"당신은 나하고 한마디 상의도 없이 머리를 단발로 자르면 어쩌자는 거야?"

　　그러자 아내가 어이없다는 표정으로 대꾸했다.

　　"그러는 당신은 왜 나하고 한마디 상의도 없이 대머리가 됐수?"

도대체 잘한 게 뭐야?

오늘도 어김없이 아내가 남편에게 잔소리를 늘어놓고 있었다.

"허구한 날 TV밖에 모르지! 당신이 잘하는 게 도대체 뭐가 있어?"

자칫 큰 싸움으로 번질 수 있는 분위기에서, 남편은 조용히 입을 열었다.

"내가 딱 하나 잘한 거 있지."

"도대체 그게 뭔데?"

"당신과 결혼한 거!"

스승과 제자

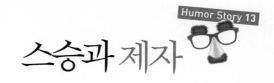

스승이 제자들을 불러 모았다. 그리고 첫 번째 제자에게 썩은 생선을 건네며 물었다.

"무슨 냄새가 나느냐?"

"썩은 냄새가 납니다."

"그것은 네 마음이 썩었기 때문이니라."

두 번째 제자에게 물었다.

"저 밤하늘이 무슨 색깔인고?"

"예, 검은 색입니다."

"그건 네 마음이 검은 탓이로다."

이어서 스승이 그 옆에 앉은 제자에게 간장 맛을 물었다. 앞의 제자들을 보고 머리를 굴린 세 번째 제자가 점잖게 말했다.

"스승님, 아주 단맛이 느껴집니다."

"그래? 그러면 원샷!"

친척

드라이브를 즐기던 부부가 사소한 일로 말다툼을 벌였다. 서로 말도 하지 않고 집으로 돌아오는데, 차창 밖에 지나가는 개 한 마리를 보았다. 남편이 아내에게 빈정대며 말했다.

"당신 친척이잖아. 반가울 텐데 인사나 하시지?"

그러자 남편의 말이 떨어지기 무섭게 아내가 창문을 열고 개에게 소리쳤다.

"잘 지내셨어요, 시아주버님!"

목숨

도둑이 집에 침입해서 주인을 협박했다.

"조용히 해! 갖고 있는 돈 다 주면 목숨만은 살려주겠다!"

그러자 주인이 아픈 몸을 일으켜 다 죽어가는 소리로 외쳤다.

"이놈아! 의사도 살릴 수 없다는데 네가 어떻게 살린다는 거야!"

수영금지

어떤 젊고 예쁜 아가씨가 산길을 넘어 계곡을 지나고 있었다. 계곡을 보자 아가씨는 문득 수영을 하고 싶어졌다. 주위를 둘러보고 아무도 없음을 확인한 아가씨는 옷을 하나씩 벗기 시작했다. 옷을 모두 벗고 계곡 물에 막 들어가려는 순간, 갑자기 수풀 속에서 한 남자가 불쑥 튀어나왔다.

"아가씨! 여긴 수영이 금지돼 있어요!"

화들짝 놀란 아가씨는 옷으로 몸을 가리며 말했다.

"아저씨, 그럼 제가 옷 벗기 전에 미리 말해 주셔야지요!"

그러자 남자가 웃으며 말했다.

"옷 벗는 건 괜찮아요."

114

결혼기념일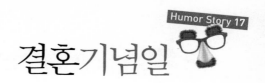

결혼기념일 며칠 전, 남편이 아내에게 물었다.

"자기야, 자기는 결혼기념일에 어디 가고 싶어?"

그러자 아내는 대답했다.

"내가 오랫동안 가보지 못한 곳에 가 보고 싶어."

그러자 남편이 제안했다.

"부엌에 가보는 건 어때?"

저 남자 알아요?

어느 부부가 차를 타고 가다가 남편이 무리하게 끼어들기를 하는 바람에 사고가 날 뻔하자, 옆차 남자가 남편에게 욕을 했다.

"야, 이 개××야!!"

이 말에 놀란 부인 남편에게 물었다

"당신 저 남자 알아요?"

"아니, 몰라."

"아니, 그런데 어떻게……, 저 남자가 당신을 이렇게 잘 알죠?"

계산

미모의 아가씨가 할머니와 옷가게에 갔다 .

"아저씨! 이 옷 한 벌에 얼마예요?"

"그 옷 정도는 뽀뽀 한 번만 해 주면 그냥 드릴 수도 있습니다."

"어머! 정말이세요?"

"네, 정말입니다."

"그럼 5벌 주세요."

주인이 옷을 포장해서 아가씨에게 말했다.

"여기 있습니다. 그럼 이제 뽀뽀 5번 해 주셔야죠?"

그러자 아가씨가 말했다.

"계산은 우리 할머니가 하실 거예요!"

술주정뱅이

술주정뱅이 아저씨가 걸어가고 있는데, 앞에서 애완견과 산책하고 있는 아줌마가 걸어오고 있었다. 술주정뱅이가 말을 건넸다.

"아니, 넌 돼지와 산책하니?"

그러자 아줌마가 정말 크게 화가 나서 소리를 질렀다.

"무슨 말을 그렇게 해요! 얘는 돼지가 아니고 내가 사랑하는 애완견이라고요!"

그러자 술주정뱅이가 입을 삐쭉이며 말했다.

"나는 개한테 말한 건데?

왜 이렇게 비싸요?

한 사람이 이를 뽑으려고 치과를 찾았다. 치과의사는 그 손님을 반갑게 맞았다.

"어서오세요."

"아, 저 이가 썩어서 뽑으러 왔어요. 얼마죠?"

"그러시군요. 개당 2만원입니다."

"헉! 2만원이요? 이빨은 순식간에 뽑잖아요? 그런데 왜 이렇게 비싸요?"

"그래요? 그럼 최대한 천천히 뽑도록 하죠."

내기 골프

한 골프 사기꾼이 골프장에서 캐디 대신 시각장애인 안내견을 끌고 골프를 하는 한 시각장애인을 발견했다. 사기꾼이 맹인에게 다가가 말을 건넸다.

"선생님, 스윙이 정말 멋지시네요. 혼자 이러지 마시고 저랑 가볍게 내기골프 한번 어떠세요?"

그러자 맹인이 고개를 끄덕이며 말했다.

"좋죠, 시간은 제가 정해도 될까요?"

"그럼요, 선생님 마음대로 하세요."

"내일 새벽 1시에 합시다."

약

시도 때도 없이 기침을 하는 병에 걸린 남자가 의사에게 와서 괴롭다며 약을 달라고 했다. 의사는 걱정하지 말라며 남자에게 약을 지어줬다.

그런데 의사가 실수로 그만 제대로 된 약이 아닌 설사약을 남자에게 준 것이 아닌가! 나중에야 이 사실을 안 의사는 약을 먹은 남자가 며칠 뒤에 와서 멱살을 잡는 것은 아닌지 무서웠다.

의사의 예상대로 며칠이 지나자 그 남자가 찾아왔다. 그런데 남자의 표정은 의외로 밝아보였다.

"의사 선생님, 정말 고맙습니다. 덕분에 마음 놓고 기침을 할 수가 없어서 참다 보니, 어느새 기침병이 다 나았습니다."

대단한 의사

철수가 병원에서 휠체어에 앉은 채 병문안을 온 친구를 맞이했다. 친구와 이런 저런 이야기를 나누면서 철수가 자신의 주치의를 가리키며 친구에게 말했다.

"저 의사는 정말 대단해!"

"짜샤! 너를 빨리 퇴원하게 해줘야 대단한 의사지!"

"저 의사가 내가 처음 입원할 때 두 발로 걷게 해 준다고 하더니 정말 그렇게 됐어!"

"하지만 넌 아직 치료 중이잖아!"

"아니야, 정말 의사 말대로 됐어. 병원 치료비를 내기 위해 내 차를 팔았으니까!"

키

　　미국의 16대 대통령이었던 링컨은 키가 무척 컸다.
무엇보다 하체가 길어서 그의 걸음걸이가 좀 묘했다.

　링컨이 대통령 선거 유세를 하고 있을 때, 한 사람이 다가와 비꼬
면서 물었다.

　"사람의 다리 길이는 어느 정도면 좋나요?"

　링컨은 빙그레 웃으며 대답했다.

　"허리에서 발목까지면 적당하지 않을까요?"

경찰과 아이

한 아이가 경찰에게 급하게 신고 전화를 했다.

"여보세요! 경찰서 맞죠?"

"네, 맞습니다. 무슨 일이죠?"

"경찰 아저씨, 빨리 와 주세요! 우리 아빠가 30분 전부터 깡패랑 싸웠어요!"

"30분 전? 그러면 더 일찍 전화를 했어야죠!"

아이는 울먹이며 대답했다.

"아까 전까지는 우리 아빠가 이기고 있었거든요."

이유

한 여자가 가게에서 장을 보고 있었다. 그녀가 계산을 하기 위해 계산대에 물건을 올려놓자, 뒤에서 술 취한 남자가 여자를 아래위로 훑어보며 이렇게 말했다.

"당신, 독신이구먼!"

그 여자는 깜짝 놀랐다. 왜냐하면 자기가 산 물건 중에 딱히 독신을 나타내는 물건은 없었기 때문이다. 여자는 영험한 점쟁이를 만났나 싶어 조심스럽게 물었다.

"저……, 제가 독신인 줄 어떻게 알았죠?"

그러자 그 술 취한 남자가 말했다.

"못생겼잖아!"

아이디어 공모

어려운 고비에 처한 회사의 경영진들이 1,000만원의 상금을 걸고 회사 경비를 절감하기 위한 아이디어를 공모했다. 상금이 상금인지라 많은 직원들이 참여했는데, 대상은 이것이었다.

"앞으로는 아이디어 공모 상금을 100만원으로 줄여야 합니다."

바로 그겁니다

아프리카의 한 장관이 프랑스 장관의 집에 갔다. 그런데 프랑스 장관의 집은 굉장히 호화로웠다.

아프리카 장관 : 아니, 대체 어떻게 이런 호화로운 집을 마련한 겁니까?

프랑스 장관 : 하하, 저기 창문 밖으로 고속도로가 보이지요?

아프리카 장관 : 네.

프랑스 장관 : 바로 그겁니다!

아프리카 장관 : 그게 무슨 말이죠?

프랑스 장관 : 저는 저 고속도로를 건설할 비용으로 250억 프랑을 청구했지만, 실은 200억 프랑밖에 들지 않았습니다.

얼마 뒤, 이번에는 프랑스 장관이 아프리카 장관의 집에 갔다. 그런데 아프리카 장관의 집은 거의 왕궁 같은 것이 아닌가. 프랑스 장관이 물었다.

    프랑스 장관 : 아니, 대체 어떻게 이렇게 짧은 시간 내에 이런 집
               을 마련한 겁니까?
    아프리카 장관 : 하하, 저기 창문 밖으로 고속도로가 보이지요?
    프랑스 장관 : 아니요, 아무것도 안 보이는데요.

    아프리카 장관 : 바로 그겁니다!

예의

　　강이 큰 다리를 가로질러 지나는 곳에 많은 사람들이 보트에서 낚시를 즐기고 있었다. 그때 어느 부인의 장례행렬의 배가 낚시꾼들이 있는 사이로 지나가게 되었다. 사람들 대부분은 그러려니 하고 낚시에 다시 집중하는데, 한 남자가 낚싯대를 내려놓고 일어서더니 모자를 벗고 장례행렬이 지나갈 때까지 숙연하게 묵념을 하는 것이 아닌가? 이 모습을 본 한 낚시꾼이 남자에게 다가가 물었다.

　"당신 같이 예의 있고 인정이 많은 사람은 처음이요. 나는 대기업의 회장이오. 당신과 한 번 식사를 같이 하고 싶소."

　그러자 모자를 다시 쓴 남자가 말했다.

　"이 정도는 해야 한다고 생각합니다. 어쨌거나 거의 30년 동안 같이 살았으니까요."

학점

　　F학점을 받은 학생이 머리끝까지 화가 나 담당 교수를 찾아가서 따졌다.

　　"교수님! 제가 왜 F학점이죠? 점수가 잘못된 거 아닙니까?"

　　그러자 교수가 대답했다.

　　"나도 자네의 점수가 심히 안타깝네. F학점보다 더 낮은 점수가 없었다네."

시가

한 남자가 백화점 앞에 서서 백화점의 엄청난 규모와 세련된 인테리어를 감탄하며 바라보고 있었다. 그의 옆에서 한 노인이 시가를 피웠는데, 그 노인을 보며 남자가 물었다.

"당신이 피고 있는 시가가 싸지는 않겠지요?"

"조금 비싼 편이지요."

"그래서 하루에 몇 개를 피우십니까?"

"한 10개비 정도요."

"그렇군요. 그럼 언제부터 피우기 시작했습니까?"

"40년 전부터요."

"이렇게 안타까울 수가! 한 번 계산해 보세요. 만일 당신이 시가를 피우지 않았다면, 그 돈으로 이 백화점을 살 수 있었을 겁니다."

그러자 남자의 말에 노인이 크게 웃으며 말했다.

"하하하, 당신 참 재미있는 사람이군요. 이 백화점은 내 것이오."

상의 2

박봉에 시달리던 한 사원이 하루는 큰맘 먹고 사장실에 들어섰다.

"사장님, 어젯밤에 집사람과 진지하게 의논을 했는데요. 지금 사장님께서 주시는 월급으로는 도저히 두 식구가 먹고 살기 힘들다는 결론을 내렸습니다."

그러자 사장이 퉁명스럽게 대꾸했다.

"그래서 지금 나한테 이혼 문제를 상의하러 온 건가?"

이순신 장군님이 강했던 이유

여대생이 친한 예비역 복학생 선배에게 물었다.

"선배, 이순신 장군은 무슨 수로 그 많은 왜군을 무찔렀을까요?"

"그건 우리나라 군대니까 그렇지."

"무슨 말이에요?"

"이순신 장군은 삼도수군통제사였어. 지금으로 치면 해군 참모총장이니까 사성 장군 정도 될 거야."

"그래서요?"

남자 선배가 씨익 웃으면서 말했다.

"이순신 장군은 부하들에게 아마 이렇게 말했을 거야. '왜놈들이 전부 없어지면 장병들이 좀 편해질 텐데', '뱃머리가 용 모양이면 장병들이 재미있어 할 텐데.'"

"그게 도대체 무슨 말이에요?"

"까라면 깐다는 뜻이야."

가장 오래된 직업

　　　　　학자 몇몇이 모여 세상에서 가장 오래 된 직업에 대해 토론을 벌이고 있었다. 인체공학자가 먼저 나섰다.

"하나님은 아담의 갈비뼈를 뽑아서 이브를 만드셨습니다. 그러니까 가장 오래된 직업은 우리입니다."

이에 건축학자가 반발했다.

"하나님은 혼돈의 상태에서 천지를 창조하셨습니다. 그러니까 가장 오래된 직업은 우리 건축입니다."

이 얘기를 듣고 있던 정치인이 탁자를 탁! 하고 치고 음흉한 미소를 띠며 한 마디 했다.

"그럼, 그 혼돈은 누가 만들었을까요?"

복수

아마추어 사진 작가가 지인의 저녁 초대를 받고 자기의 작품 몇 점을 가지고 갔다. 그런데 그 지인의 아내가 사진들을 보더니 이렇게 말하는 것이었다.

"야, 이 사진들 멋지네요. 좋은 사진기를 가지고 계신 모양이죠?"

그 말을 들은 작가가 저녁 식사를 마치고 나오면서 이렇게 말했다.

"오늘 저녁 아주 맛있게 잘 먹었습니다. 좋은 요리 기구를 가지고 계신 모양이죠?"

유산 상속 소송

변호사 윌은 젊은 변호사를 사위로 맞았다.

"내 딸과 결혼도 했으니, 이제 자네가 돈을 벌 수 있게 유산 상속에 대한 소송을 하나 양보해 주겠네."

얼마 후 사위는 윌에게 자랑스럽게 말했다.

"장인어른, 저에게 주신 소송은 제가 깨끗하게 해결했습니다."

그러자 윌이 한심하다는 듯이 말했다.

"뭐? 해결했다고? 바보 같은 짓을 했군. 나는 그 소송 덕분에 15년 동안이나 돈을 벌어왔는데."

거저 얻는 방법

아버지와 아들이 시장을 지나고 있었다. 아들이 장사꾼이 배를 파는 모습을 보며 아버지에게 말했다.

"아버지, 저 배가 정말 맛있어 보여요. 사 먹게 돈 좀 주세요."

아들의 말에 아버지가 화를 내며 말했다.

"거저 얻을 수 있는 배를, 왜 피 같은 돈 주고 사려고 해?"

아버지의 말에 놀란 아들이 물었다.

"아버지, 배를 어떻게 공짜로 얻어요?"

아버지가 대답했다.

"저 장사꾼에게 네 가운뎃손가락을 보여주면 장사꾼이 배 하나를 네 머리에 던져줄 거다."

예정

　　　돈을 빌려준 사람이 돈을 빌려간 사람에게 빨리 돈을 갚아달라고 독촉했다.

"당신이 빌려간 돈을 도대체 언제 갚겠다는 거요?"

그러자 돈을 빌려간 사람이 대답했다.

"사실은 제가 많은 사람들에게서 돈을 빌렸기 때문에 돈을 갚아야 할 사람들도 많습니다. 그래서 갚아야 할 사람들을 세 부류로 나누어 두었지요.

첫 번째는 어떻게 해서든지 돈을 마련해서 갚아주어야 할 사람이고, 두 번째는 돈이 생기면 갚아줄 수도 있는 사람이며, 세 번째는 안 갚아도 그만인 사람이지요."

"그럼, 나는 어디에 속하는 사람이오?"

"아, 당신은 지금 제가 첫 번째로 꼽고 있지만, 자꾸 귀찮게 굴면 세 번째로 바꿀 생각입니다."

공부를 해야 하는 시기별 이유

초등학교

1학년 선생님 : 말 안 듣는 사람은 유치원으로 보낼 거에요~.

2학년 선생님 : 1학년 동생들이 생겼으니 모범을 보이세요~.

3학년 선생님 : 내년이면 고학년이에요~.

4학년 선생님 : 이제부터 고학년이니까 열심히 공부해야 한다.

5학년 선생님 : 곧 6학년이 되니까 공부 소홀히 하면 안 돼요!

6학년 선생님 : 내년이면 중학생이야! 지금 공부 안 하면 중학교 들어가서 고생해!

중학교

1학년 선생님 : 너희들이 초등학생이야?

2학년 선생님 : 지금 공부 안 하면 3학년 때 피눈물 흘린다.

3학년 선생님 : 너희들 공부해서 좋은 고등학교 가야지!

고등학교

1학년 선생님 : 너희들이 중학생이야?

2학년 선생님 : 지금 이 시기가 가장 중요하다!

3학년 선생님 : 너희들은 지금 고3이야, 고3!

대학교

교수 : 취업하고 싶으면 공부해!

자동차

언제나 잘난 척을 하는 친구가 에쿠스를 타고 나타나서 한마디 했다.

"어머, 얘들아 잘 있었니? 나는 남편이 이번에 사준 에쿠스 타고 왔어. 그런데 영숙아! 저 빨간 소형차는 네가 타고 온 거니?"

"그래."

"어머~, 빨간색이 꼭 깍두기 같다. 우리 아들하고 딸한테 하나씩 사주려고 하는데, 넌 얼마 줬니?"

"몰라."

"에이, 그러지 말고 알려줘. 얼마 줬는데?"

영숙이가 잘난 척하는 친구를 보며 대답했다.

"진짜 몰라. 벤츠를 사니까 덤으로 그냥 주더라!"

기념 행사

기업 사장이 회의를 소집해서 여러 직원들을 불러 모으고 이렇게 말했다.

"얼마 안 있으면 우리 회사가 생긴 지 10년이 됩니다. 10주년 기념을 위해 행사를 했으면 하는데, 좋은 의견이 없겠습니까? 사람들에게 널리 알릴 수 있고, 사원들을 기쁘게 해 줄 수 있고, 무엇보다도 돈이 크게 들지 않는 행사면 좋겠는데……."

그러자 곰곰이 생각하던 총무 부장이 문득 좋은 생각이 떠올랐다는 듯이 커다란 목소리로 말했다.

"사장님, 사장님께서 한번 목을 메달아 보는 게 어떻겠습니까? 여러 사람에게 알릴 수도 있고, 사원들도 기뻐할 것입니다. 게다가 돈은 한 푼도 들지 않는 일이니까요."

적극적인 자세

시험이 다가오자 철수가 걱정하면서 말했다.

"난 이번 시험을 망칠지도 몰라. 꼴찌할 것 같아."

그 말을 들은 친구가 철수를 격려했다.

"철수야, 왜 그렇게 소심하니? 좀 더 적극적으로 생각해 봐!"

그러자 철수가 곰곰이 생각하다가, 무언가 결심한 듯 적극적으로 대답했다.

"난 시험을 기필코 망칠 거야!"

암수구별법

어느 날 부인이 부엌에 들어가 보니 남편이 파리채를 들고 어슬렁거리고 있었다. 아내가 남편에게 물었다.

"뭐하는 거예요?"

"파리를 잡고 있잖아."

남편이 대답했다.

"그래, 파리를 잡기는 했고요?"

"그럼, 수컷 셋하고 암컷 둘을 잡았지."

호기심이 발동한 아내가 눈을 반짝이며 물었다.

"그걸 어떻게 알아요?"

그러자 남편이 말했다.

"셋은 맥주 깡통에 있었고, 둘은 전화기에 있었거든."

HUMOR
JOKE
FUNNY
SMILE
SATIRE

PART 04

독특한 시각을 만드는

창의적 반전 유머

유머 감각이 부족한 사람치고 의식 구조가 썩 잘 되어 있는 사람은 없다.
유머는 각 사람에게 주어진 특징의 귀중함을 인정하는 것이다.

_ 로마인 가리

유머의 고수는 유머를 모으고 배우는 단계에서 나아가 유머를 스스로 생성하고 적용할 수 있는 사람이다. 전문적인 코미디언들을 보면 "어떻게 저런 아이디어를 생각해낼 수 있을까?" 하는 감탄과 더불어 일종의 경외심까지 드는 경우가 있다. 이렇게 유머를 생산해 내는 능력과 깊은 관계가 있는 것이 바로 '창의성' 이다. 질먼(Zillman)도 창의적인 사람과 전문적인 유머리스트는 확산적 사고를 한다는 점에서 동일하며, 유머스러운 분위기는 확산적 사고를 높인다고 했던 것처럼, 유머와 창의성은 많은 부분에서 맞닿아 있다. 당신이 그저 유머를 듣고 즐기기만 하는 사람이라면 상관없지만 유머로 많은 사람과 쉽게 어울리는 친화력과 대화를 이끌어 나가는 힘을 기르고 싶다면 이야기가 달라진다.

1989년 데이시(Dacey)의 연구에서도 창의력 있는 사람일수록 지능이 높고 동료에게 인기가 좋으며 유머 감각이 뛰어난 것으로 나타났다. 다양한 상황에서 다른 사람들과의 감정을 융합하고 통합할 수 있는 능력이 갖춰졌을 때, 비로소 유머를 탁월하게 활용할 수 있는 것이다.

당신이 어느 상황에서든 멋지게 유머를 발휘하려면 이제 창의적인 반전 유머를 연습하라! 언제든 그렇지만 다양한 창의적 유머를 읽고 즐기다 보면 자연스럽게 창의적인 반전 유머의 고수가 될 수 있다.

한 남자가 성경책 판매원을 모집하는 광고를 보고 응시해서 면접시험을 보았다.

"저저저는 서서서성경책 파파판매원이 대대되고 싶습니다".

당연히 면접관은 말을 더듬는 이 사람의 영업력을 믿을 수가 없었고 남자는 떨어졌다. 하지만 다른 회사에서는 무슨 이유에선지 이 남자를 채용했다.

곧 주변 사람들의 경악 속에서 말 더듬는 남자의 성경책 판매 실적은 하늘을 찌를 듯이 계속 올라갔고, 그는 회사의 최고 판매왕이 되었다.

얼마 후 회사에서는 말 더듬는 남자의 판매방법을 사람들에게 강연할 수 있는 기회를 만들어 주었다. 수많은 사람들이 남자의 강연을 보려고 몰려들었다. 말 더듬는 남자는 성경책을 파는 노하우를 사람들에게 말했다.

"이건 아아아주 가가가간단합니다. 우우선 초초초인종 을 누누누루고 사사사사람이 나오면 이이렇게 마말합니다.

'서서서성경책을 사사사시겠읍니까? 아니면 제제제제가 드드드들어가서 이이읽어 드드드드드드릴까요?'"

선녀와 나무꾼 이야기

정말 몰랐습니다. 그녀가 목욕하는 동안 제가 몰래 훔친 그녀의 옷이 그렇게 비쌀 줄은…….

그리고 그 카드 할부 고지서가 우리 집으로 오게 되리란 것도…….

옆에서 코를 고는 선녀인 마누라를 보며 옥황상제를 죽도록 원망했습니다.

폭포수에서 제대로 확인했어야 했는데…….

옷을 훔칠 때 똑바로 봐 뒀어야 했는데…….

엑스라지 사이즈인 줄 알았겠습니까? 가뜩이나 좁은 방에…….

그녀가 들어온 후엔 두레박만 봐도 이유 없이 눈물이 납니다.

내기

　　진공청소기 판매원이 시골 농가의 문을 두드리자 한 할머니가 문을 열어주었다. 판매원은 단도직입적으로 말했다.

　"지금부터 할머니께 잊지 못할 놀라운 일을 보여드리겠습니다."

　그러더니 판매원은 마당의 흙을 퍼와 방바닥에 쫘악 뿌렸다.

　"할머니, 저랑 내기하시죠. 제가 이 신제품 진공청소기로 이 흙을 모두 빨아드리면 이 청소기를 한 대 사시고, 못 빨아들이면 제가 이 흙을 다 먹겠습니다."

　그러자 할머니는 안됐다는 듯이 판매원을 쳐다보다가 부엌으로 가서 큰 숟가락 하나를 가지고 왔다. 그리고 판매원에게 숟가락을 건네주며 말했다.

　"쯧쯧, 젊은이, 안됐수……. 여긴 전기가 안 들어와!"

세 남자의 억울한 이야기

어느 날 같은 아파트 7, 8, 9층에 사는 남자 셋이 동시에 죽었다. 셋은 염라대왕 앞에 서게 되었다. 그들은 저마다 자기가 제일 억울하게 죽었다고 토로했다. 이를 측은하게 여긴 염라대왕이 7층에 사는 남자부터 차례대로 면담 시간을 가졌다.

7층 사는 남자의 이야기

"집에 돌아오니까 현관에 아내의 신발 말고, 왠 남자의 신발이 한 켤레 놓여 있더라고요. 놀라서 침실문을 열었더니 아내 혼자였어요. 집안 여기저기를 찾아보다가, 베란다를 보니 왠 남자가 베란다 바깥쪽으로 대롱대롱 매달려 있는 게 아닙니까. 분한 마음에 그 녀석 손가락을 휙 젖혀서 떨어뜨렸죠. 근데 이 녀석이 떨어지다가 정원에 있는 나무를 턱 붙잡는 것 아니겠어요? 냉장고를 들고 와서 밑으로 던져 버렸죠. 그런데 냉장고 전원선이 제 발에 걸린 거예요. 그래서 전 같이 떨어져서 죽었어요. 너무 억울해요."

8층 사는 남자의 이야기

"한밤중에 아내와 싸우다가 화가 나서 기분 전환 겸 베란다 물청소를 했죠. 그러다가 실수로 미끄러져서 떨어지다가 운 좋게 7층 베란다 난간을 붙잡았죠. 그런데 웬 아저씨가 절 보더니 다짜고짜 제 손가락을 획 젖히는 거예요. 결국 다시 밑으로 떨어지다가 저는 기적적으로 정원에 있는 나무를 붙잡았습니다. 안도의 한숨을 내쉬는데, 갑자기 제 머리 위로 냉장고가 떨어져서 죽었어요. 전 너무 억울해요."

9층 사는 남자의 이야기

"저는 정말 억울해요. 7층 사는 여자가 절 유혹하길래, 그 집에 들어가서 재미 좀 보려는 순간에 그 집 아저씨가 들어왔습니다. 너무 놀라서 우선 냉장고 안으로 숨었는데……. 그 뒤론 기억이 없네요."

판결

이혼 법정에서 판사가 판결문을 읽었다.

"집은 부인에게 주고, 아이는 남편이 양육한다."

그러자 남편이 판사에게 하소연했다.

"판사님. 제 것이 분명한 집은 마누라에게 주고, 제 애인지 불명확한 아이는 저한테 주시면 어떡합니까?"

아쉬움

하루는 소파에 앉아 허탈한 표정을 하고 있는 남편을 보고 아내가 물었다.

"여보, 무슨 일 있어요?"

"우리가 연애할 때 당신 아버지가 내게 '만약 결혼하지 않으면 강간죄로 고소해서 20년을 옥살이 시키겠다'고 하신 말씀 기억나지?"

"네, 그런데요?"

남편이 한숨을 쉬며 말했다.

"그날 감옥에 갔었더라면 오늘이 출감하는 날인데……."

순서

간호사가 분만실 앞에서 초조하게 기다리고 있던 한 남자에게 말했다.

"축하합니다. 득남하셨어요."

그러자 옆에 있던 사람이 피우던 담배를 집어던지며 화를 냈다.

"아니, 도대체 어떻게 된 겁니까? 내가 이 사람보다 먼저 왔단 말이에요!"

소원

　　신혼부부가 캐나다로 신혼여행을 떠났다. 부부는 여행을 즐기다가 날이 어두워지자 호텔에 경비행기를 타고 돌아가게 되었다. 경비행기 조종사는 다 늙은 할아버지였는데, 신부가 행복에 겨운 표정으로 조종사 할아버지에게 물었다.

　　"제 소원이 우리 그이와 결혼하는 거였는데, 하나님께서 소원을 이뤄주셨어요. 오늘처럼 행복한 밤에는 하나님께서도 세상 모든 사람들의 소원을 이뤄주실 것 같아요. 할아버지 소원은 뭔가요?"

　　그러자 할아버지 조종사는 주저할 것도 없이 바로 말했다.

　　"나는 비행기가 너무 좋아! 비행기 타다가 죽는 게 소원이야!"

내 마음을 알아?

남편이 주방에서 계란프라이를 하고 있었다. 그런데 아내가 남편 뒤로 슬쩍 다가오더니 소리를 질러대기 시작했다.

"소금을 뿌려, 소금을!"

"아니, 그거 말고! 소금 말야, 소금! 답답하네~. 소금을 넣으라고!"

"거기서 왜 뒤집어! 좀 더 기다려야지!"

"도대체 정신을 어디에 팔고 있는 거야? 다 타잖아!"

"불이 너무 세! 줄여!! 불을 줄이라고!!!"

"뜬금없이 설탕엔 손이 왜 가!"

"아니, 계란프라이를 다 찢어놨네, 다 찢어놨어. 도대체 요리를 어떻게 하는 거야!"

참다 못한 남편이 아내에게 말했다.

"나도 계란프라이 정도는 할 수 있어! 당신 도대체 왜 그러는 거야?"

160

그러자 아내가 씩 웃으며 말했다.

"내가 운전할 때 어떤 기분인지 당신한테 알려주고 싶어서."

다행이다

휴가를 맞아 친구 둘이서 낚시를 갔다. 낚시를 하는데 필요한 것이 꽤 많았다. 이것 저것 사고 숙박비도 들었다. 그렇게 돈을 많이 들였건만 낚시는 첫 날도 꽝, 다음 날도 꽝이었다. 그래도 그 다음날 다행히 한 마리 잡았다. 집으로 차를 몰고 돌아가는 길에 화가 난 한 친구가 친구에게 말했다.

"이 빌어먹을 고기 한 마리 잡는 데 50만원이나 들었잖아!"

그랬더니 친구가 말했다.

"야, 그래도 더 많이 안 잡아 다행이다."

식당

유명한 배우가 지방으로 행사를 가던 중 어쩔 수 없이 어느 작고 지저분한 식당에서 식사를 하게 되었다. 주문을 마치고 기다리는데 음식을 가져다 준 식당 종업원이 예전에 함께 배우생활을 했던 친구가 아닌가? 깜짝 놀란 배우가 이렇게 말했다.

"아니, 자네가 이렇게 지저분한 식당에서 일을 하다니……, 참 안됐군."

그러자 그 친구는 의연한 모습으로 음식을 내려놓으며 말했다.

"그렇지도 않아. 난 이 지저분한 식당에서 음식을 먹지는 않거든!"

피아노

김 사장 부부가 거의 비행기 시간에 맞춰 공항에 도착했다. 지중해의 마요르카 섬으로 2주간 휴가를 떠나기 위해서였다. 출국 심사장에 들어서던 남편이 갑자기 아내에게 이렇게 말했다.

"피아노를 가져왔더라면 참 좋았을 텐데……."

부인이 왜 그런지 궁금해서 묻자 남편은 이렇게 대답했다.

"피아노 위에 비행기 티켓을 두고 왔거든."

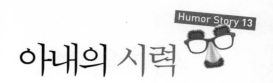

아내의 시력

아내가 옷을 벗은 채 침실의 거울을 바라보고 있었다. 그녀는 한숨 쉬며 남편에게 말했다.

"기분이 별로 좋지 않아요. 나는 늙어 보이고 뚱뚱하고 피부도 안 좋고…… 못생겼어요."

아내의 기분을 좋게 하고 싶었던 남편은 아내에게 엄지손가락을 위로 추켜세우며 말했다.

"그래도 당신, 시력은 아직 쓸만한가 보네."

아들의 걱정

아버지와 아들이 휴일을 이용해 동물원에 놀러갔다. 돌고래도 보고 새, 원숭이도 보면서 즐거운 시간을 보냈다.

어느덧 아들이 그렇게 보고 싶어 했던 사자를 보기 위해 사자 우리에 도착했다. 아버지는 아들에게 사자가 얼마나 무섭고 힘센 동물인지 설명해줬다. 아들이 심각하게 듣더니 아빠에게 물었다.

"아빠, 있잖아요. 사자가 우리를 뛰쳐나와 아빠를 잡아먹으면 난 몇 번 버스를 타고 집에 가야 되요?"

부탁

아버지가 큰딸을 불러 진지한 얼굴로 말했다.

"어제 네 남자친구가 너랑 결혼하고 싶다더구나. 난 그 친구 정도면 만족하는데, 네 생각은 어떠냐?"

"하지만 아빠, 전 엄마를 남겨두고 시집가는 게 너무 괴로워요."

큰딸의 말을 들은 아버지가 희망에 부푼 표정으로 말했다.

"그래? 그럼, 네 엄마도 같이 데리고 가면 안 될까?"

버스

분식점을 하던 사람이 사업이 망해서 버스기사로 이직을 했다. 하루는 손님 한 사람이 버스에 올라타서 그 버스기사에게 물었다.

"기사님, 이 버스 과천 가죠? 한 얼마 정도 걸리죠?"

"과천 안 가는데요."

당황한 손님이 기사에게 다시 물었다.

"기사님, 과천 안 가는데 왜 버스에 과천 간다고 써 있어요?"

"일단 많이 적어 놔야 손님이 많이 타거든요!"

고마운 당신에게

중병에 걸려 세상을 떠나기 직전인 도둑이 곁을 지키는 아내에게 있는 힘을 다해서 유언을 남기고 있었다.

"여보, 평생 애만 먹였는데 이렇게 곁에 있어줘서 고맙소. 그래서 당신한테 주먹만 한 루비 하나 남기고 가리다."

이 말을 들은 아내가 흥분해서 루비가 어디에 있는지 남편에게 물었다. 그러자 도둑이 말했다.

"그게……, 옆 동네 강 회장 집 안방 장롱 세 번째 서랍에 들어있소."

허락

여자친구가 어두운 얼굴로 남자친구에게 말했다.

"우리 어떡하죠? 부모님께서 자신들이 눈 감기 전에는 절대 우리 결혼 허락 못하신대요!"

"그래요? 그럼 당신 부모님이 주무실 때 결혼합시다!"

음식

환자 : 선생님, 저는 무슨 병입니까?

의사 : 악성 전염병입니다. 저도 이렇게까지 심한 경우는 본 적이
　　　없습니다.

환자 : 그럼, 저는 어떻게 됩니까?

의사 : 입원 후 격리조치가 취해집니다. 그리고 식사는 핫케이크
　　　과 피자, 크래커입니다.

환자 : 아니, 그런 음식들이 이 병에 좋은 겁니까?

의사 : 그런 건 아닙니다만, 문 아래 틈새로 넣을 수 있
　　　는 음식은 그 셋뿐이라서요.

듣고 싶은 말

자동차 사고로 죽은 세 사람이 하늘나라로 가는 길에 같은 질문을 받았다.

"장례식을 하면서 당신이 관 속에 들어 있을 때, 친구나 가족들이 애도하면서 당신에 대해 뭐라고 말하는 것을 듣고 싶소?"

첫 번째 사람은 이렇게 말했다.

"저는 아주 유능한 의사였으며 훌륭한 가장이었다는 이야기를 듣고 싶습니다."

두 번째 사람은 이렇게 말했다.

"저는 아주 좋은 남편이었으며 아이들의 미래를 바꾸어 놓은 훌륭한 교사였다는 말을 듣고 싶습니다."

마지막 사람은 웃으며 이렇게 말했다.

"저는 '앗! 관이 움직인다!' 라는 말을 듣고 싶습니다."

아버지

　　학교 작문시간, 일주일 전에 있었던 일에 대해 쓰는 시간이 왔다. 영희는 반에서 자신이 쓴 글을 발표했다.

　"지난 주, 아버지가 우물에 떨어지셨습니다."

　깜짝 놀란 선생님이 영희에게 물었다.

　"저런! 지금은 괜찮으시니?"

　영희는 아무렇지도 않게 대답했다.

　"괜찮습니다. 어제부터는 더 이상 도와달라고 큰소리로 외치지 않으시는 걸 봐서는요."

이유

　　화창한 어느 날 골프장에 골프를 치러 갔는데, 바로 앞 팀의 진행속도가 너무 느려서 살펴봤더니, 앞 팀에서 골프를 치는 사람들이 아주 심각한 표정으로 한 타 한 타 신중하게 치고 있는 것이었다. 마치 정식 프로 골퍼들이 정식시합을 하듯이 순서도 철저히 지키고 분위기도 아주 진지해 보였다. 그래서 캐디에게 물었다.

　　"아니, 무슨 시합이기에 골프를 저렇게 심각하게 치는 거죠?"

　　그러자 캐디가 조용히 대답했다.

　　"아, 저 팀이요? 지금 형제끼리 치는 건데, 오늘 지는 사람이 앞으로 부모님을 모시기로 했거든요."

인재

어느 날 김 병장이 후임병들을 소집시켰다.

김 병장 : 야! 여기 피아노 전공한 사람 있나?

박 이병 : 네, 접니다.

김 병장 : 그래? 여기 피아노 좀 저기로 옮겨라.

그 다음 날,

김 병장 : 여기 미술 전공한 사람 있어?

강 이병 : 네, 제가 미술 전공입니다.

김 병장 : 그래? 족구 좀 하게 선 좀 그어라.

그 날 저녁,

김 병장 : 여기 검도 유단자 있나?

최 이병 : 제가 사회에 있을 때 검도 좀 했습니다.

김 병장 : 몇 단인데?

최 이병 : 2단입니다.

김 병장 : 2단도 단이냐? 다른 애 없어?

장 이병 : 네, 제가 검도 좀 오래 배웠습니다.

김 병장 : 몇 단인데?

이 일병 : 5단입니다.

김 병장 : 그래? 이리 와서 파 좀 썰어!

수리

　　고속도로에서 벤츠와 티코가 부딪쳤다. 벤츠는 살짝 긁혔을 뿐이지만 티코는 형편없이 찌그러졌다. 티코 주인이 화가 나 당장 차 수리비를 물어내라고 벤츠 주인에게 항의했다. 벤츠 운전자는 대수롭지 않다는 듯 말했다.

　"뒤에 있는 배기통에 입 대고 후~ 하고 불어봐. 찌그러진 게 쫙 펴질 테니."

　티코 주인은 화가 났지만 혹시나 하는 기대감에 젖 먹던 힘을 다해 배기통에 입을 대고 바람을 넣었지만 티코는 펴지지 않았다. 지나가던 티코 운전자가 이 모습을 보고 말했다.

　"창문 닫고 불어야 되요."

구두닦이의 마케팅

경기가 나빠지자 사람들이 구두를 집에서 닦았다. 그러다 보니 구둣방의 매출이 떨어지기 시작했다. 이 위기를 극복하기 위해서 구두닦이가 아이디어를 냈다. 그는 구둣방 앞에 다음과 같은 안내문을 붙여 놓았다.

'구두 한 짝 무료로 닦아 드립니다.'

그리고 구둣방에 들어오는 사람들을 맞으며 웃으면서 말했다.

"나머지 한 짝은 2,500원입니다."

도둑의 재치

어느 마을에서 도둑을 잡았다. 화가 난 주민들은 도둑을 흠씬 두들겨 팰 준비를 하고 있었는데 도둑은 갑자기 울며 이렇게 외쳤다.

"저를 죽이든 살리든 어떻게 해도 좋습니다. 대신 저 담 너머로는 절대로 저를 던지지 말아주세요. 제발!"

이 말을 들은 주민들은 옳다구나 싶어 도둑을 높이 잡아들어 담 너머로 던졌다. 담 너머 바닥으로 떨어진 도둑은 웃으며 크게 소리를 쳤다.

"고맙습니다! 제가 도망갈 수 있게 도와주셔서!"

아기 좀 보자

　　　　한 여자가 너무 늦은 나이에 아기를 낳았다. 여자의 출산을 축하하기 위해서 친구들이 여자 집에 모였다. 친구들이 아기 좀 보자고 했는데, 여자가 지금은 안 되고 나중에 보여준다고 했다. 잠시 후에 다시 친구들이 아기 좀 보자고 했지만, 그때도 여자는 안 된다고 고개를 저었다. 화가 난 친구들이 그러면 도대체 언제 아기를 볼 수 있냐고 묻자, 어쩔 수 없이 여자가 말했다.

"아기가 울면 보여줄게."

"왜 아기가 울 때 보여주는 건데?"

그러자 여자가 고개를 푹숙이며 말했다.

"아기를 어디에 뒀는지 기억이 안 나."

국어시험

　　중국집 아들이 학교에서 시험을 보고 집에 돌아오자 엄마가 물었다.

엄마 : 오늘 국어 시험 잘 봤니?

아들 : 에잇, 한 문제만 빼고 다 맞았어요.

엄마 : 그래? 무슨 문제를 틀렸는데?

아들 : 보통의 반대가 뭐냐는 문제였어요.

엄마 : 뭐라고 썼길래 틀렸니?

아들 : 곱빼기요.

모기

　　　　어느 날 한 남자에게 모기가 붙었다. 남자는 모기에게 어서 떨어지라고 협박을 했다.

　　"야! 떨어져! 빨리 안 떨어지면 죽인다!"

　　그의 위협적인 말에 모기가 말했다.

　　"살려주세요. 제 몸에는 당신 피가 흐르고 있어요."

친구의 거짓말

친구 둘이 등산을 하러 갔다. 그런데 한 친구가 볼일을 보러 간다며 나무 뒤로 가더니 비명을 질렀다.

"으악! 뱀이 내 거시기를 물었어!"

놀란 친구가 말했다.

"뭐? 잠깐 기다려, 내가 빨리 병원에 전화해 볼게!"

친구가 황급히 병원에 전화를 걸었다.

"여보세요! 병원이죠? 내 친구가 산에서 뱀에 물렸어요!"

"재빨리 물린 부분을 칼로 째고, 입으로 빨아서 독을 빼내세요."

"네? 그게 유일한 방법인가요?"

"예, 그렇게 하지 않으면 그 사람은 죽습니다."

뱀에 물린 남자가 급한 마음에 친구에게 물었다.

"병원에서 뭐래?"

그러자 친구가 전화를 끊고 한숨을 쉬며 말했다.

"너 죽는대."

맥주를 마시는 이유

영국의 처칠 수상은 90세까지 장수했다. 말년에 그가 기자와 인터뷰를 하면서 이런 농담을 건넸다고 한다.

"마트에서 남편이 아내에게 3만원짜리 맥주 한 박스를 사자고 했지. 그런데 아내는 맥주는 사지도 않고 마트에서 10만원짜리 화장품을 사는 게 아니오? 빈정 상한 남편이 아내에게 이렇게 말했다지.

'당신이 아무리 좋은 화장품을 사서 바르는 것보다, 차라리 내가 맥주를 마시면 당신이 더 예뻐 보일 거야!'"

교수들의 반응

대학생 둘이 교내에서 싸우고 있었다. 지나가던 교수들이 이 광경을 보고는 혀를 차며 한마디씩 했다.

경영학과 교수 : 쯧쯧, 돈 안 되는 녀석들.

의류학과 교수 : 옷 찢어질라.

응용통계학과 교수 : 어째 일주일에 한 번 꼴이니.

식물학과 교수 : 박 터지게 싸우네.

축산학과 교수 : 저런 개××들!

법학과 교수 : 너희들은 다 구속감이야!

사진과 교수 : 너희들 다 찍혔어.

식품영양학과 교수 : 뭘 먹었길래 저러지?

광고학과 교수 : 여러분~, 저 녀석들 좀 보세요.

미생물학과 교수 : 저런 썩을 놈들을 봤나.

도서관에서 공부하는 학생 유형

1. 코브라형 : 공부는 관심사가 아니다. 공부는 하는 척만 하다가 누가 지나가면 어김없이 고개를 빼꼼히 칸막이 위로 쳐들고는 그 사람을 쳐다본다.

2. 슈퍼맨형 : 왼손을 베개 삼고 오른손은 주먹을 불끈 쥐고 쭉 뻗으며 슈퍼맨이 날아가는 형상으로 잠만 잔다.

3. 두더지형 : 볼펜을 시도 때도 없이 떨어뜨리고는 짧은 바지나 치마를 입고 온 여학생의 다리털을 세기에 여념이 없다.

4. 로댕형 : 손으로 턱을 괴고는 딴 생각만 한다.

5. 주물럭형 : 언뜻 보면 다정한 연인이 함께 열심히 공부를 하는 것처럼 보이지만, 손은 서로의 몸을 꼼지락대고 있다.

6. 폐 쇄 형 : 칸막이도 모자라 신문지로 칸을 막고는 자기만의 공간을 만든다. 알고 보면 판타지나 무협소설, 만화, 잡지 등을 보는 이들이 많다.

7. 시계추형 : 일정한 시간 간격으로 반드시 일어나야 한다. 흡연실,
화장실 등 사실 공부한 시간은 별로 되지 않는다.
8. 귀 신 형 : 책만 자리를 지킨다. 사람이 어딜 가서 뭘 하는지 아무
도 모른다.

군인들이 휴가 때 군복을 입기 싫어하는 이유

1. 군복을 입고 빵을 먹을 때

– 세상에, 얼마나 배가 고팠을까?

2. 군복을 입고 짜장면 먹을 때

– 쯧쯧, 얼마나 먹고 싶었으면…….

3. 군복을 입고 술을 마실 때

– 여자친구에게 차였구나. 가엾어라.

4. 군복을 입고 지하철에서 자리를 양보할 때

– 군인이라고 앉지도 못하고……. 쯧쯧.

5. 군복을 입고 버스를 놓쳤을 때

– 부대 복귀시간에 늦겠구나. 불쌍해라.

6. 군복을 입고 길을 걸을 때

– 저 군인은 세상이 얼마나 신기하게 보일까?

직업별 겁주기

국회의원

"내가 입만 열면 여럿 다친다."

야구선수

"내가 밖에서는 오른팔 안 쓰려고 했는데!"

동네노인

"너 뉘 집 자식이야?"

깡패

"뒤져서 나오면 10원에 한 대다."

네티즌

"아~, 이거 진짜 로그인(log in) 하게 만드네."

여자와 남자의 차이

여자가 길거리에서 마음에 드는 남자를 쫓아가면.

– 적극적인 여자.

길거리에서 남자가 마음에 드는 여자를 쫓아가면.

– 껄떡거리는 남자.

여자가 실수로 남자화장실에 들어가면.

– 있을 수 있는 실수.

남자가 실수로 여자화장실에 들어가면.

– 변태.

여자가 남자의 속옷을 빨랫줄에 널면.

– 당연한 일.

남자가 여자의 속옷을 빨랫줄에 널면.

– 112 신고할 일.

여자가 12살 연하의 남자와 사귀면.

– 대단한 능력.

남자가 12살 연하의 여자와 사귀면.

– 도둑놈.

군대를 가면 알 수 있는 사실

1. 우리나라 기후는 사계절이 아니라 정말 미칠 듯이 덥고 미칠 듯이 추운 여름과 겨울, 딱 두 계절만 존재한다.

2. 잡초의 끈질긴 생명력에 감탄하고, 우리나라가 시베리아 따위는 비교도 안 될 정도로 눈이 많이 온다는 사실을 알 수 있다.

3. 시계가 없어도 밥 때를 정확하게 알 수 있다.

4. 인간이 화장실에서도 음식을 먹을 수 있고, 졸면서도 걸을 수 있다는 사실을 깨닫는다.

5. 남자는 태어나서 3번이 아니라 4번 운다는 것을 깨닫는다. 태어났을 때, 부모님이 돌아가셨을 때, 나라가 망했을 때, 그리고 한 달 고참이 많은 부대에 배치됐을 때 운다.

나이별 선생님

20대 선생님
– 어려운 것만 가르친다.

30대 선생님
– 중요한 것만 가르친다.

40대 선생님
– 아는 것만 가르친다.

50대 선생님
– 기억이 나는 것만 가르친다.

좋은 소식과 나쁜 소식 그리고 환장할 소식

좋은 소식 → 남편이 진급했다네.

나쁜 소식 → 그런데 비서가 엄청 예쁘다네.

환장할 소식 → 외국으로 둘이 출장가야 한다네.

좋은 소식 → 싼값에 성형수술을 했다네.

나쁜 소식 → 수술이 시원찮아 다시 해야 한다네.

환장할 소식 → 의사가 돌팔이라고 경찰에 잡혀갔다네.

좋은 소식 → 쓰레기를 종량제 봉투 없이 슬쩍 버렸다네.

나쁜 소식 → 그 장면이 CCTV에 잡혔다네.

환장할 소식 → 9시 뉴스에 내가 나온다네.

좋은 소식 → 살다가 처음으로 남편이 꽃을 가져왔네.

나쁜 소식 → 그런데 하얀 국화꽃만 있네.

환장할 소식 → 장례식장 갔다가 술 취해서 가져온 거라네.

착각

남자 : 못생긴 여자는 꼬시기 쉬운 줄 안다.

여자 : 남자가 같은 길을 가면 관심 있어 따라오는 줄 안다.

꼬마 : 울고 떼쓰면 다 되는 줄 안다.

연애하는 남녀 : 결혼만 하면 깨가 쏟아질 줄 안다.

시어머니 : 아들이 결혼하면 며느리가 자기를 챙길 줄 안다.

장인 · 장모 : 사위들은 처갓집 재산에 관심 없는 줄 안다.

남편 : 살림하는 여자들은 집에서 노는 줄 안다.

아내 : 자기 남편은 회사에서 안 잘리는 줄 안다.

아줌마 : 화장하면 다른 사람 눈에 예뻐 보이는 줄 안다.

아저씨 : 돈 써서 오빠 멋지다는 소리 듣고 진짜인 줄 안다.

빌 게이츠 딸과 결혼하는 법

1. 아버지와 아들의 대화

아버지 : 난 네가 내가 원하는 여자와 결혼했으면 좋겠다.

아들 : 싫습니다. 제 신부는 제가 고를 겁니다.

아버지 : 하지만 그 여자는 빌 게이츠의 딸인데?

아들 : 음, 그럼 좋죠!

2. 아버지와 빌 게이츠의 대화

아버지 : 당신의 딸에게 꼭 맞는 남편감을 소개시켜 드리죠.

빌 게이츠 : 제 딸은 결혼하기에 너무 어립니다.

아버지 : 하지만 그 남자는 세계은행의 부회장입니다.

빌 게이츠 : 음, 그렇다면 좋습니다!

3. 아버지와 세계은행 회장의 대화

아버지 : 제가 부회장감으로 제격인 사람을 추천하고 싶습니다.

회장 : 하지만 저는 이미 필요한 수보다 많은 부회장이 있습니다.

아버지 : 하지만 이 남자는 빌 게이츠의 사위입니다.

회장 : 아, 그렇다면 좋습니다.

궁금

1. 어젯밤에 방에서 맥주를 마시다가 화장실 가기가 귀찮아서 맥주병에 소변을 봤는데, 아침에 일어나 보니 모두 빈병들뿐이다.

도대체 맥주는 어디로 갔지?

2. 친구들과 술 마시고 밤늦게 집에 들어와 이불 속에 들어가는데 마누라가 "당신이에요?"라고 묻더라.

몰라서 묻는 걸까? 아님 딴 놈이 있는 걸까?

3. 마누라가 외출 전에 온갖 정성을 들여 눈 화장을 했다.

그런데 나갈 때는 갑자기 선글라스를 쓰는 이유는 무엇일까?

4. 이제 곧 이사해야 하는데 집주인이란 작자가 와서는 2년 전 우리가 이사 오던 때와 같이 원상태로 복구시켜 놓고 가란다.

그 많은 바퀴벌레들을 도대체 어디 가서 구하지?

이럴 때 남편이 필요하다

1. 늦은 밤 쓰레기 버려야 할 때.

2. 한밤 중 손 안 닿는 곳이 가려울 때.

3. 화장실에서 볼일 보고 뒤처리 하려는데 화장지 없을 때.

4. 내가 싫어하는 음식이 남았을 때.

5. 졸려죽겠는데 일어나서 불 꺼야 할 때.

6. 대형 할인점에 갈 때.

7. 아이가 차 안에서 잠들었을 때.

8. 가기 싫은 모임에 핑계를 댈 때.

백수와 신선의 공통점

소식한다

다만 신선은 '안' 먹는 거고, 백수는 '못' 먹는다는 슬픈 차이.

돈과 거리가 멀다

다만 신선은 욕심을 버렸기에 재물에 눈을 돌리지 않고, 백수는 돈을 벌 능력이 없다는 슬픈 차이.

시간에 구애받지 않는다

다만 신선은 불노불사이기에 시간에 구애받지 않지만, 백수는 할 게 없어서 시간이 남는다는 슬픈 차이.

PART 05

모두의 이목을 단번에 끄는
회식자리 유머

웃을 줄 아는 국가는 우울한 나라보다 강하고 생존 수명이 긴 것이다. 비
스마르크 시절부터 독일은 허약한 나라가 되었다. 왜냐하면 그것은 무력이
허약해서가 아니라 더 이상 재미있는 나라가 아니었기 때문이다.
_ 시드니 해리스

HUMO
JOK
FUNN
SMIL
SATIF

유머를 이해하고 그 유머의 무게만큼 웃을 수 있으려면 나름대로의 집중력이 필요하다. 하지만 유머를 받아들이는 사람의 마음 상태에 따라 유머의 효과 또한 달라진다는 사실을 알고 있는가? 웃음은 혼자 웃을 때보다 함께 웃을 때 웃음의 강도가 최대 33배까지 커진다는 한 연구 결과처럼, 실제로 웃음은 청각의 영향을 많이 받기 때문에 알코올의 힘을 빌려 모두가 흥겨운 회식자리에서의 유머는 타인의 웃음소리만으로도 웃음이 유발되는 플러스 성과를 얻을 수 있게 된다.

회식자리에서는 '오징어!(오래오래 징그럽게 어울리자)' 라는 건배사 하나에도 큰 웃음을 얻어낼 수 있다. 목적이 없는 조크나 유머 퀴즈는 물론, 다소 무거울 수 있는 풍자 유머도 적절히 사용한다면 좋은 결과를 얻을 수 있다.

21세기는 유머의 시대이다. 때와 장소를 넘나들며 유머를 잘 활용하면 남의 이목을 단번에 이끌어 낼 수도 있고, 많은 사람에게 큰 웃음을 주며 사랑받는 사람이 될 수도 있다.

이제 술잔에 유머를 담아 즐겁게 즐겨보자. 브라보!

멍청이

맹구가 학교에 모자를 쓰고 갔다. 그런데 머리가 가려운지 맹구가 모자를 손으로 벅벅 긁고 있었다. 그걸 친구가 보자 맹구에게 비웃으면서 말했다.

"야, 이 멍청아! 머리가 가려우면 모자를 벗고 긁어야지, 왜 모자를 긁고 난리냐?"

갑자기 맹구가 피식 웃더니 친구에게 말했다.

"이 멍청한 놈아! 그러면 너는 길 가다가 엉덩이 가려우면 바지 벗고 긁냐?"

미용실

남자 고등학생이 머리를 정리하기 위해서 미용실에 갔다. 미용사 아줌마가 반갑게 맞으며 학생을 의자에 앉히며 물었다.

"학생, 머리 어떻게 자를 거야?"

그런데 남자 고등학생이 아줌마 말에 대답을 하려는 순간 갑자기 '구레나룻' 이라는 단어가 떠오르지 않았다. 머뭇거리는 학생에게 다시 한 번 미용사 아줌마가 물었다.

"학생, 어떻게 자를 거냐고?"

"저……, 머리가 지저분해서 좀 정리할 건데요. '사타구니' 만 밀지 말아주세요."

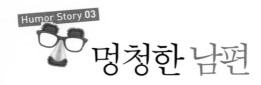
멍청한 남편

　　토요일 아침. 남편이 낚시를 하기 위해 일찍 일어나서 아내가 깨지 않게 조용히 옷을 챙겨 입고 점심 도시락을 싸서 차고로 갔다. 그런데 곧 폭우가 쏟아졌다. 놀란 남편이 차에서 라디오를 켜자 라디오에서는 오늘 날씨는 폭우로 계속된다는 소식을 전했다. 어쩔 수 없이 남편은 다시 집으로 들어가서 조용히 옷을 벗고 침대로 들어가 아내의 등을 끌어안으며 속삭였다.

　"오늘 밖에 날씨가 정말 나쁘군."

　그러자 남편의 사랑스러운 아내가 잠에 취한 나른한 목소리로 말했다.

　"나는 우리 멍청한 남편이 이런 날씨에도 낚시를 하러 가는 걸 이해할 수가 없어."

남자의 진심

한 남자가 경찰서를 찾아와, 간밤에 자기 집을 턴 도둑을 꼭 만나고 싶다고 경찰에게 말했다. 그러자 경찰이 이해한다는 듯이 남자에게 차분히 말했다.

"나중에 법정에서 만날 기회가 있을 테니 조금만 참으세요."

"난 도둑의 죄를 묻자고 만나고 싶어하는 게 아닙니다!"

"그게 무슨 말이죠?"

"도대체 우리 마누라를 깨우지 않고 집에 숨어 들어올 수 있었는지가 궁금해서요. 벌써 몇 년째 내가 시도하고 있지만 도저히 안 되거든요!"

혀 짧은 아이의 슬픔

혀 짧은 아이의 집에 불이 났다. 설상가상 부모님은 모두 외출하신 상태. 혀 짧은 아이가 급하게 119로 전화했다.

"네, 119입니다."

"아더띠 아더띠, 디끔 우리 딥에 불 나떠요!"

"네? 뭐라고요? 다시 말씀해 주세요."

"아더띠 아더띠, 디끔 우리 딥에 불 나떠요! 불 나따니까요!"

"네? 천천히 다시 말씀해 주세요."

그러자 화가 난 아이가 소방관에게 말했다.

"야 이 띠발노마! 오띠 마 오띠 마, 우리 딥 다 타떠!"

설교시간이 늘어난 이유

한 교회 목사님이 몇 주 전에 틀니를 새로 하시더니 그날 설교를 10분으로 끝냈다. 그리고 다음 주에는 20분 만에 설교를 끝내더니, 오늘은 1시간 30분이나 계속했다. 한 교인이 궁금해져서 목사님께 왜 설교시간이 늘어나는지에 대해서 물었다. 그러자 목사가 대답했다.

"첫 주엔 잇몸이 아파서 말을 할 수 없었고, 둘째 주엔 조금 나아지다가, 셋째 주에는 실수로 아내의 틀니를 끼고 나갔더니 말이 그칠 줄을 모르더군요."

한 예비신랑이 목사에게 찾아와 말했다.

"목사님 주례 좀 서 주십시오. 사례는 충분히 해 드리겠습니다. 얼마면 될까요?"

"하하하, 좋은 일이고 하니 돈은 신부가 예쁜 만큼 주십시오."

그러자 신랑이 목사의 손에 100원을 쥐어줬다. 목사는 어이가 없었지만 이왕 약속했으니 주례를 봐주기로 했다.

결혼식 당일, 목사는 신부의 얼굴이 궁금해서 살짝 다가가 신부의 얼굴을 봤다.

그리고 조용히 신랑에게 다가가 신랑에게 100원을 돌려줬다.

거짓말

한 남자가 암으로 죽어가고 있었다. 그런데 이 남자는 문병을 오는 사람들에게 자기 병이 에이즈라고 말했다. 슬픈 와중에도 아버지의 말이 궁금했던 아들이 물었다.

"아버지께선 이 병이 암인 줄 알면서 왜 남들에게는 계속 에이즈라고 말씀하십니까?"

남자가 아들의 머리를 쓰다듬으며 말했다.

"그래야 내가 죽은 후에도 아무도 네 엄마에게 손을 못 대지."

장래희망

초등학교 선생님이 학생들에게 장래희망을 물었다.

"영철이는 커서 뭐가 되고 싶니?"

"네, 저는 우주 과학자가 되고 싶습니다."

"그럼 영숙이는?"

"저는 애 낳고 평범하게 살래요."

이번에는 선생님이 상용이에게 물었습니다.

"상용이는?"

그러자 상용이가 말했다.

"저는 큰 꿈은 없지만 영숙이가 애 낳는 데 협조하고 싶습니다."

서머셋 몸의 처세술

유럽에서 가장 유명한 작가였던 서머셋 몸은 초보 작가 시절에 『달과 6펜스』라는 책을 출판했다. 하지만 당시 무명 작가였던 그의 책은 거의 팔리지 않았다. 며칠을 고민하던 서머셋 몸은 신문에 이렇게 광고를 냈다.

"배우자를 찾습니다. 나는 성격이 좋은 백만장자입니다. 그리고 스포츠와 음악을 좋아합니다. 내가 찾는 이상형은 서머셋 몸이 쓴 『달과 6펜스』라는 책에 나오는 여주인공 같은 여인입니다."

얼마 지나지 않아 『달과 6펜스』는 베스트셀러가 되었다.

데이트 신청 방법

　　　　한 남자가 여태까지 한 번도 여자에게 데이트를 신청해서 거절 받아본 적이 없었다. 그의 친구가 그에게 데이트 신청 방법을 물어봤다.

　"야, 넌 정말 대단하다. 도대체 데이트 신청은 어떻게 하는 거야?"

　"그거 별 거 아냐, 그냥 오늘 데이트 하자고 편지를 쓰면 돼."

　"정말? 그럼 어떤 내용으로 편지를 쓰는 거야?"

　남자의 물음에 친구가 대답했다.

　"내용은 이름이랑 연락처만 있으면 돼. 다만 백만원짜리 수표에다가 써야 돼."

질책

직원이 사장에게 자신이 작성해온 보고서를 내밀었다. 사장이 보고서를 확인해 보니 너무 미흡했다. 사장이 직원에게 서류를 돌려주며 말했다.

"이 보고서는 국어공부 좀 더 시켜."

직원이 어리둥절해서 대답했다.

"네?"

그러자 사장이 웃으며 말했다.

"이 보고서는 도대체 주제가 없단 말이지."

좋은 소식과 나쁜 소식 2

월남 전 당시 군인들이 전투에 한번 나가면 군수물자의 보급이 모두 끊길 때가 많았다. 당연히 빨래는 상상도 못했다. 그래서 팬티를 한번 입으면 마르고 닳도록 입어야 했다. 어느 날 부대장이 부대원들을 모아놓고 이렇게 말했다.

부대장 : 오늘 좋은 소식과 나쁜 소식이 있다.

사병들 : 좋은 소식은 뭡니까?

부대장 : 오늘 팬티를 갈아입는다.

사병들 : 이야호우! 그러면 나쁜 소식은 뭡니까?

부대장 : 음, 나쁜 소식은……, 각자 옆 사람과 바꿔 입는다. 실시!

안 쓰는 물건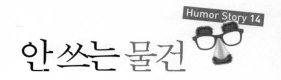

어느 아파트 단지에서 자기 집에서 쓰지 않고 필요 없는 물건을 내어 놓고 서로 저렴하게 사거나 파는 행사를 진행하고 있었다. 어느 행사가 있던 날 많은 아파트 주부들이 집에서 쓰던 의류, 가전제품, 완구류 등 각종 생활용품들을 가지고 나왔다.

그런데 어느 50대 중년 부인이 손에 아무것도 들고 나오지 않고 남편과 함께 두리번거리고 있었다. 아파트 부녀회 회장이 중년 부인 앞으로 다가와 물었다.

"아주머니는 무슨 물건을 가지고 나오셨나요?"

그러자 중년 부인이 자기 남편을 가리키며 말했다.

"요즘 안 쓰는 물건이라서 가지고 나왔어요."

좋아하는 빵

학교에서 한 친구가 계속 철수를 괴롭혔다. 철수가 그 친구에게 그만하라고 말했지만 그 친구는 여전히 철수에게 장난을 쳤다. 도저히 참을 수 없자 철수는 그 친구에게 말했다.

"너 내가 가장 좋아하는 빵이 뭔지 아니?"

"내가 알 게 뭐야?"

"가르쳐 줄게, 내가 제일 좋아하는 빵은……."

갑자기 철수가 친구의 얼굴로 주먹을 날렸다. 맞은 친구는 주저앉으며 코피를 흘렸다. 철수는 웃으며 말했다.

"내가 제일 좋아하는 빵은 죽빵이야!"

정신병자의 독서 토론

나른한 오후, 어느 정신병원의 독서시간. 구석에서는 환자 몇몇이 두꺼운 책을 놓고 열띤 토론을 하고 있었다.

"이 책은 너무 나열식이야."

"게다가 등장인물이 너무 많아서 좀 산만해."

"도대체 이렇게 두꺼운 책을 어떻게 읽으라는 거야."

토론의 열기가 점차 뜨거워지는데, 간호원이 들어오며 버럭 소리를 질렀다.

"제가 전화번호부 가져가지 말라고 했죠?"

초인종

목사가 어느 집 앞을 지나가다가 키가 작은 아이가 제 키보다 훨씬 높이 달려 있는 초인종을 누르려고 낑낑거리는 모습을 보았다. 보다 못한 그는 우아한 폼으로 아이를 안아 올려 초인종을 아주 길게 누르게 해주었다. 그리고는 아주 인자한 미소를 지으며 물었다.

"이제 또 무엇을 도와 드릴까요, 꼬마 신사님?"

그러자 아이가 다급하게 소리쳤다.

"튀어요!"

어느 유치원에서 1

어느 마을에 작은 유치원이 하나 있었어요. 어느 날 수업시간에 선생님이 아이들에게 말했어요.

"여러분, 나보다 나이가 많으신 분이 선물을 주시면 어떻게 말해야 하나요? '다' 로 끝나는 말이에요."

그러자 아이들이 대답했습니다.

"'감사합니다' 라고 말해요."

"'고맙습니다' 라고도 말해요."

그런데 갑자기 다른 아이가 손을 들고 말했어요.

"뭘 이런 걸 다……."

어느 유치원에서 2

어느 마을에 작은 유치원이 하나 있었어요. 어느 날 수업시간에 선생님이 아이들에게 말했어요.

"이번에는 여러분~, 버스에 타서 다른 사람의 발을 밟았어요. 그때는 어떻게 말해야 할까요?"

그러자 아이들이 대답했습니다.

"'죄송합니다' 라고 말해요."

"'실례합니다' 라고 말해요."

"'미안합니다' 라고도 말해요."

그런데 아까 그 아이가 다시 조용히 손을 들더니 말했어요.

"이를 어쩐다……."

정체성

어느 날 호랑이 새끼가 자신이 진짜 호랑이인지 궁금해서 엄마 호랑이에게 물었습니다.

"엄마! 나 진짜 호랑이야?"

"그럼, 당연하지"

그래도 미심쩍어 이번에는 할머니 호랑이에게 물었습니다.

"할머니! 나 진짜 호랑이 맞아?"

"그러엄, 넌 진짜 호랑이야!"

그제야 새끼 호랑이는 자기가 진짜 호랑이라고 믿고 산속을 어슬렁어슬렁 걸어가고 있었습니다. 이때 나무꾼이 하늘에서 내려와 목욕을 하는 선녀의 옷을 훔쳐 황급히 달아나다가, 새끼 호랑이와 정면으로 마주쳤습니다. 나무꾼이 급하게 새끼 호랑이에게 소리쳤습니다.

"비켜! 이 개××야!"

대단한 아줌마

　　지하철 문이 닫히려 하는 순간, 저쪽에서 아줌마 한 분이 빠른 속도로 달려와서 지하철 안으로 몸을 날렸다. 하지만 안타깝게도 아줌마 머리만 지하철 안으로 들어와서 몸은 지하철 문에 끼어 버렸다. 이 놀라운 광경에 지하철을 탄 모든 사람이 아줌마를 쳐다봤다. 그러자 시선에 아랑곳하지 않고 아줌마가 앞에 있는 아저씨에게 물었다.

　"아저씨, 이거 신도림 가요?"

산소통

관광객들이 잠수함을 타고 바닷속을 체험하는 중이었다. 그런데 갑자기 사고가 나서 잠수함에서 물이 새기 시작했다. 사람들은 모두 산소통을 메고 탈출했다. 이제 잠수함에는 젊은 남자와 아이, 할아버지, 세 명만 남아있었다. 하지만 남은 산소통은 단 두 개뿐이었다. 이를 눈치 챈 젊은 남는 재빨리 산소통을 메더니 "나 먼저 갑니다!" 하며 떠났다. 할아버지는 아이에게 말했다.

"얘야, 나는 살 날이 얼마 안 남았으니 네가 산소통을 메고 탈출하거라!"

그러자 아이가 웃으면서 할아버지에게 말했다.

"할아버지, 할아버지도 갈 수 있어요! 아까 그 아저씨 소화기 메고 갔어요!"

약

매일밤 잠자리에서 남편이 피곤하다며 돌아눕자 아내가 의사를 찾아갔다. 의사가 부인에게 약을 건네며 말했다.

"이 약을 잠들기 1시간 전에 남편에게 드시게 하십시오. 그러면 확 달라질 겁니다."

그날 저녁 아내는 잠자리에 들기 전 남편에게 약을 먹이고 혹시나 싶어 자기도 슬쩍 약을 먹었다. 이윽고 1시간이 지나자 남편이 벌떡 일어나 외쳤다.

"아~, 여자가 그립다!"

말이 떨어지기 무섭게 옆의 아내도 벌떡 일어나 외쳤다.

"아~, 나도 여자가 그립다!!!"

불러줄까

몹시 추운 어느 겨울 날에 순진한 청년이 여인숙에 묵게 되었다. 총각이 막 잠자리에 들자 주인 할머니가 문 밖에서 은근한 목소리로 총각에게 말했다.

"총각! 불러줄까?"

청년은 고개를 설레설레 저으며 말했다.

"아니요. 전, 그런 사람 아닙니다!"

얼마 후, 할머니가 다시 들어와 또 물었다.

"총각, 불러줄게~."

그러자 총각은 대뜸 신경질을 내며 소리쳤다.

"저는 그런 사람이 아니라니까요!"

다음 날 아침 총각은 그 방에서 얼어 죽었다. 조사를 나온 경찰이 할머니에게 전날 밤에 대해서 물었고 할머니가 대답했다.

"아니~ 참 요상혀. 내가 불 넣어준다구 해도 총각이 자꾸 싫다구 하더란 말이여~."

PART 06

진정한 유머고수의 세계,
허무 유머

음식에 양념이 제대로 되어 있지 않은 것을 가지고 짜증을 내는 일이 있다. 사소한 일에 짜증을 내지 않는 습관을 갖는 것이 좋다. 화평을 깨뜨리는 요인의 99%는 사소한 일에 있다. 사소한 일을 웃으면서 넘기는 것이 지혜로운 일이다.

_ 알랭

유머는 재료의 싸움이 아니라 요리의 싸움이라는 사실만 알면 쉽게 유머의 고수가 될 수 있다. 요리 재료를 구하는 일은 초보 요리사라도 쉽게 할 수 있는 일이지만 그 재료를 가지고 훌륭한 맛을 내는 것은 아무나 할 수 없는 일이다.

유머의 고수와 하수의 차이는 아주 간단하다. 어떤 재료가 주어지든지 멋진 요리로 만들어낼 수 있는 자신만의 손맛, 아니 입맛(화술)을 갖는 것이다.

유머의 고수는 어떠한 유머 재료도 썰렁한 상황을 절묘하게 역전시킬 수 있다. 그러기 위해서는 유머를 가지고 놀 수 있는 자신감과 더불어, 상황을 자연스럽게 이어가는 표현력을 갖춰야 한다.

연습만이 고수가 되는 길이다. 꾸준히 연습하고 실행하면 남들이 하면 썰렁해도 내가 하면 웃음이 터져 나오는 놀라운 유머 고수가 될 수 있을 것이다.

귀신 할머니

어떤 한 남자 아이가 똥이 마려워서 화장실로 달려
갔다. 똥을 싸고 물을 내리려는데, 갑자기 변기에서 할머니 목소리
가 들렸다.

"빨간 휴지 줄까~? 파란휴지 줄까~?"

할머니 말을 들은 아이가 말했다.

"할머니, 똥 내려가~. 비켜!"

문을 열어주지 않은 이유

택배기사가 시골에 택배를 배달하러 갔다. 도착한 택배기사는 대문을 두드리며 말했다.

"택뱁니다."

그러자 집 안에서

"네~~~."

하고 대답이 들렸다. 그런데도 시간이 지나도 문을 열어주지 않는 것이 아닌가? 약간 짜증이 난 목소리로 택배기사가 대문을 두드리며 말했다.

"택뱁니다. 문 열어주세요!"

그러자 이번에도 "네~~~" 라는 대답만 들리고 문을 열어주지 않는 것이 아닌가? 화가 난 택배기사는 직접 문을 열고 들어갔다.

그런데 그를 반겨주는 건 염소 한 마리였다.

거북이와 달팽이

거북이가 길을 가고 있다가 느릿느릿 걸어가는 달팽이를 보았다. 답답한 마음에 거북이가 달팽이에게 말했다.

"야, 내 등에 타!"

그러자 거북이 등에 탄 달팽이가 식은땀을 흘리면서 소리쳤다.

"야, 조금만 천천히 가면 안 될까? 으악!"

단

　　　　마이클 조단이 농구를 평정하고 태권도까지 평정하기 위해서 태권도 도장에 들이닥쳤다.

"여기서 태권도 누가 제일 잘하냐!"

이때 몸을 풀고 있는 한 남자가 나서며 말했다.

"나다! 내가 태권도 9단이다. 그런데 너는 누구냐?"

그러자 조단이 가소로운 듯 말하였다

"나는 1,000,000,000,000단(조단)이다!"

따라와!

       지렁이가 63빌딩을 1년에 1층씩 63년 동안 노력하여 겨우겨우 올랐습니다. 옥상에 오른 지렁이는 너무 기분이 좋아 아래를 보며 침을 퉤! 하고 뱉었는데, 그만 밑에 지나가던 굼벵이의 정수리에 정통으로 맞아버렸습니다. 자존심에 큰 상처를 입은 굼벵이는 옥상에 지렁이를 보며 소리를 질렀습니다.

"야! 너 이자식! 당장 내려와!"

지렁이는 무서웠지만 미안한 마음에 다시 1년에 1층씩 63년 동안 계단을 내려가 굼벵이를 만났습니다. 그런데 여전히 화가 풀리지 않은 굼벵이가 지렁이의 멱살을 잡고 말했습니다.

    "옥상으로 따라와!"

아들

예수님이 하늘나라에서 죽은 자를 심판하고 있었다. 그런데 그 중 눈에 너무 익은 한 노인이 있었다. 예수님은 혹시 이승에서의 자기 아버지가 아닌가 하는 생각에 노인에게 물었다.

"당신은 아들이 있습니까?"

예수님의 말에 노인의 두 눈에 눈물이 고였다.

"예, 그렇습니다."

"그렇다면 당신 아들의 특징을 한번 말씀해 보시겠어요?"

"제 아들은 손과 발에 못자국이 있습니다."

노인의 말을 들은 예수는 감격의 눈물을 흘리며 말했다.

"아버지, 제 손과 발에는 못자국이 있습니다. 제가 당신의 아들입니다."

그러자 놀라운 기쁨에 노인이 눈물을 흘리며 말했다.

"아니, 네가 정녕 피노키오란 말이냐?"

더 나쁜 놈

한 학교에서 시험을 치르는데, 감독을 하는 선생님 바지 지퍼가 내려가 있었다. 그걸 본 앞에 있는 아이들은 킥킥 웃기 시작했다. 그것도 모르고 아이들이 떠드는 게 짜증이 난 선생님이 아이들에게 말했다.

"야! 조용히 하고 시험이나 쳐!"

하지만 시간이 지나자 뒷자리에 있는 아이들까지도 웃기 시작했다. 그러자 선생님이 소리쳤다.

"야! 웃는 놈도 나쁘지만 웃기는 놈은 더 나빠!"

총알택시

한 남자가 친구와의 약속시간에 늦게 될 것 같아서 택시를 탔다. 남자는 정중하게 택시기사에게 부탁했다.

"선생님, 제가 급한 일 때문에 그러는데 좀 빨리 가주세요."

그런데 남자의 부탁에도 불구하고 기사는 느릿느릿 좀처럼 빨리 가지 않았다. 남자가 답답한 마음에 다시 기사에게 부탁했다.

"선생님, 지금 제 아내가 애 낳기 직전입니다. 좀 빨리 가주세요."

그날, 남자는 총알택시라는 말이 왜 생겨났는지 알게 되었다.

친구의 결혼식

　　곧 결혼을 앞둔 한 남자가 자신과 제일 친한 친구에게 전화를 걸었다.

"야, 이번 토요일 9시에 내 결혼식이야. 올 거지?"

"미안. 그 날 일이 있어서 못 가."

"야, 그래도 내 결혼식인데 좀 와 주라!"

"미안해. 네 다음 결혼식에는 꼭 갈게!"

여자아이가 놀란 이유

여자아이가 임신한 옆집 아줌마를 만났습니다.

여자아이가 아줌마에게 물었습니다.

"아줌마, 배가 왜 이렇게 나왔어요?"

아이의 물음에 아줌마가 대답했습니다.

"응, 이 안에는 예쁜 아기가 들어있어서 그렇단다."

그러자 놀란 여자아이가 말했습니다.

"아줌마, 어쩌다 애를 먹었어요?"

수박 장사

　　　　트럭으로 온 동네를 누비며 수박을 팔아 생계를 유
지하는 수박장수가 있었다. 그날도 여느 때와 같이 수박을 파는데,
그날따라 유난히 장사가 안 됐다. 저녁 때가 됐지만 수박은 차에 한
가득 실려 있었고 한 통도 팔리지 않았다.

　수박장수는 기분이 좋지 않아 장사를 접고 집으로 향했다. 홧김에
신호도 무시하고 과속하면서 차를 몰았는데, 곧 뒤에서 요란하게 사
이렌을 울리며 경찰차가 따라왔다. 수박장수는 경찰차를 따돌리기
위해 안간힘을 썼지만 추격전을 벌인 지 20분 만에 포기하고 갓길
에 차를 세웠다. 수박장수가 어쩔 수 없이 트럭에서 내리자 경찰관
이 다가와 말했다.

　"아저씨! 수박 한 통만 주세요!"

협상

한 여자가 치킨집 배달에 전화를 했다.

"아저씨, 여기 ○○○아파트 ○동 3022호인데요. 치킨 한 마리 배달해 주세요."

"네! 고맙습니다."

전화가 끝난 후 여자는 갑자기 지금 아파트가 엘레베이터 점검 중인 것이 생각났다. 친절한 여자는 다시 치킨집에 전화를 했다.

"아저씨, 아까 전화한 사람인데요. 지금 엘리베이터가 점검 중이에요."

"아, 그렇군요. 손님 몇 층 사신다고 했죠?"

"30층이요!"

그러자 치킨집 사장이 말했다.

"손님, 내가 한층 양보할 테니까 우리 16층에서 만납시다."

할머니가 준 아몬드

철수가 일을 마치고 버스를 탔다. 운 좋게도 자리가 하나 나서 철수는 얼른 앉았다. 그런데 그 때 할머니 한 분이 버스에 타셨다. 예의 바른 철수는 할머니에게 자리를 양보했다. 그러자 할머니가 철수에게 고맙다며 주머니에서 아몬드를 꺼내 줬다. 마침 배가 고팠던 철수는 고맙다고 할머니에게 말하며 아몬드를 맛있게 먹었다. 철수가 맛있게 먹는 모습을 본 할머니가 철수에게 물었다.

"총각 맛있지? 하나 더 줄까?"

할머니의 친절에 철수가 환하게 웃으며 말했다.

"네? 정말요? 할머니가 주신 아몬드가 왠지 모르게 정말 맛있네요. 하하, 고맙습니다."

그러자 할머니가 주머니에서 초콜릿을 꺼내 입으로 넣고 이리저리 굴린 뒤에 뱉어서는 철수에게 줬다.

전자저울

에어로빅 센터에 말하는 최신 전자저울이 들어왔다. 40kg인 사람이 올라가면 이렇게 말로 안내를 했다.

"당신의 몸무게는 40kg입니다."

어느 날 한 뚱뚱한 아줌마가 올라갔을 때 전자저울이 말했다.

"일인용입니다. 한 사람은 내려가 주세요."

노인과 보청기

노인 두 명이 의자에 앉아서 이야기를 하고 있었다.

한 노인이 먼저 입을 열었다.

"이봐, 나 보청기 새로 샀어. 엄청 비싼 거야."

다른 노인이 부러워하며 물었다.

"그래? 얼만데?"

노인은 자랑스럽게 대답했다.

"12시!"

운동

       비실거린다고 매일 저팔계한테 구박만 받던 사오정
이 멋진 몸을 만들기 위해 헬스장을 다녀서 열심히 근육을 키웠다.
어느 날 사오정의 멋진 근육을 보고 놀란 저팔계가 자기도 근육을
키우겠다며 사오정이 다니는 헬스장을 다니기 시작했다.

   며칠이 지나 헬스장에서 운동을 즐기는 사오정을 보고 살짝 질투
가 난 저팔계가 사오정에게 다가가 시비를 걸었다.

   "야, 운동하냐?"

   이제 힘도 키운 사오정은 더는 저팔계에게 당하지 않겠다고 속으
로 다짐하며 맞받아쳤다.

   "아니거든! 실내화거든!"

못 말리는 가족

도로를 질주하는 한 차량이 있었다. 그러나 곧 경찰 단속에 딱 걸렸다. 경찰이 차량을 갓길에 주차시키고 난 뒤에 차 안을 살펴보니 차안에는 할머니, 아버지, 어머니, 아들이 타고 있었다.

경찰 : 속도 위반하셨습니다.

아버지 : 아, 난 또 아까 신호 위반한 거 때문에 잡으신 줄 알았죠.

경찰 : 그럼 신호 위반도 추가입니다.

어머니 : 내가 무면허는 안 된다고 했잖아요!

경찰 : 무면허까지?

할머니 : 애야, 그렇게 훔친 차로는 얼마 못 간다고 했잖니!

그러자 잠자코 있던 아들이 아빠를 째려보며 말했다.

손자 : 그러게 은행은 왜 털었어요!

하나님

　　학교에서 좀 논다는 친구가 계속 한 친구를 괴롭혔다. 그러다가 부모 욕까지 하게 되었고 이를 더 이상 참지 못한 친구가 괴롭히는 친구에게 말했다.

　"너희 부모님은 하나님이야!"

　"왜 우리 엄마아빠가 하나님이냐?"

　"없어!"

사연

  시체실에 3구의 시체가 들어왔다. 그런데 3구의 시체 모두 웃고 있는 것이 아닌가! 궁금해진 검사관이 사망 원인이 적힌 기록을 살펴보았다.

  첫 번째 시체 : 아들의 1등 소식에 기뻐 심장마비로 사망.
  두 번째 시체 : 복권 당첨 소식에 기뻐 심장마비로 사망.
  세 번째 시체 : 벼락 맞고 심장마비로 사망.

  기록을 다 읽은 검사관이 세 번째 시체를 보면서 생각했다.
  '벼락을 맞았는데 왜 웃는 얼굴로 죽었을까?'
  그 궁금증은 검사관이 세 번째 시체의 오른손을 보고 풀렸다.

  세 번째 시체의 오른손은 V자를 그리고 있었다.

망사지갑

어느 무더운 여름 날 한 부인이 친한 친구를 만났다. 친구는 예쁜 망사지갑을 들고 나왔는데 부인은 그게 그렇게 부러울 수가 없었다.

'그래, 여자라면 저런 지갑 하나쯤은 가져야지!'

지갑을 갖고 싶은 생각에 그날 밤 남편에게 졸랐다.

"여보, 나도 망사 지갑 하나 사주면 안 될까?"

아내의 말에 경상도 남편이 한 마디 했다.

"와? 돈이 덥다 카드나?"

러시아 문학을 대표하는 세계적인 작가 도스토옙스키는 이렇게 말했다.

"사람의 웃는 모양을 보면 그 사람의 본성을 알 수 있다. 누군가를 파악하기 전 그 사람의 웃는 모습이 마음에 든다면 그 사람은 선량한 사람이라고 자신 있게 단언해도 된다."

삶을 즐겁고 상쾌하게 살아가는 유쾌한 리더의 모습은 어떨까? 분명 다른 사람이 봤을 때 좋은 사람이라고 자신 있게 단언해도 좋을 만큼 멋지고 아름다운 모습일 거다. 그래서 유쾌한 리더는 사람들에게 환영받는다. 단순한 환영이 아니다. 사람들의 마음에서 진심으로 우러나오는 존경이 담겨 있는 환영을 받는다. 유쾌한 리더가 되는 건 나를 위해서일 뿐만 아니라 다른 사람들에게도 좋은 일이다.

유쾌한 리더가 되는 방법은 많다. 하지만 유머를 사용하는 것만큼 쉽고 효과적인 방법은 없을 것이다. 우리는 유머로 세상을 즐겁게 인식하고 표현할 수 있다. 스트레스를 받는 상황에서도 유머를 통해서 여유를 가지고 미소를 지을 수 있다. 어떻게 보면 가장 중요할 수 있는 사람들과의 관계 속에서도 우리는 유머로 소통하면서 사람들에게 우리의 이미지를 긍정적으로 각인시키고 끌림을 만들 수 있다. 그리고 이 모든 것은 우리가 원하는 성공을 성취하게 도와준다.

유머는 유쾌한 리더가 되기 위한 필수 충분조건이라고 할 수 있다. 유머를 사용하면 유쾌한 리더가 될 수 있고 유쾌한 리더는 유머를 사용한다. 이 책에 있는 많은 유머 중에 한 가지라도 가족, 친구, 동료에게 사용해 보기를 권한다. 이미 사용해본 사람에게는 박수를 보내고 싶다. 이미 당신은 유쾌한 리더다.

만약 그냥 읽고 사용해보지 않은 사람이 있다면 "구슬이 서 말이라도 꿰어야 보배"라는 속담을 기억하기를 바란다. 빛나는 다이아몬드가 될 것인가? 아니면 전혀 쓸모없는 탄소 덩어리가 될 것인가? 그것은 오로지 자신에게 달려있다.

이 책이 누구나 가슴에 품고 있는 다이아몬드를 찾는 데 작은 도움이 되기를 바란다.

다시 한 번 강조하건대, 실행하라.

웃음과 유머에 관한 명언

- 가장 명백한 지혜의 징표는 항상 유쾌하게 지내는 것이다.   – 몽테뉴

- 가정의 웃음은 가장 아름다운 태양이다.   – 새커리

- 고통을 주는 미소는 절대로 미소가 아니다.   – 세르반테스

- 그 여자는 겉보기에는 보통 처녀들만큼 예쁘지 않았지만 내게 미소를 지음에 나는 비로소 그녀의 사랑스러움을 알았다.   – 하틀리 콜리지

- 웃지 아니한 시간은 낭비한 시간이다.   – 세바스티안 참포트

- 나를 좋아하거나 존경하는 사람들의 공통된 특징을 나는 전혀 가늠할 수 없다. 하지만 내가 좋아하고 애정을 가지는 사람들의 공통된 특징은 그들 모두가 나를 웃게 만든다는 것이다.   – W. H. 오덴

- 왜 웃지 않는가? 나는 밤낮으로 무거운 긴장감에 시달려야 했다. 만일 내가 웃지 않았다면, 나는 이미 죽었을 것이다.   – 에이브러햄 링컨

- 웃음은 살 수도 없고 빌릴수도 없고 도둑질할 수도 없는 것이다.   – 데일 카네기

- 미소는 호의를 전달하는 심부름꾼이다.   – 데일 카네기

- 마음속에서 즐거운 듯이 만면에 웃음을 띄워라. 어깨를 쭉 펴고 크게 심호흡을 하자. 그리고 나서 노래를 부르자. 노래가 아니면 휘파람이라도 좋다. 휘파람이 아니면 콧노래라도 좋다. 그래서 자신이 사뭇 즐거운 듯이 행동하면 침울해지려 해도 결국 그렇게 되지 않으니 참으로 신기한 일이다.   – 데일 카네기

- 유머는 일을 유쾌하게 교제를 명랑하게 가정을 밝게 만든다.

  – 데일 카네기

- 만족한 웃음은 집안의 햇빛이다.　　　　– 윌리엄 새커리

- 많이 웃는 사람은 행복하고, 많이 우는 사람은 불행하다.　– 쇼펜하우어

- 폭소가 터져나오려고 하면, 언제나 문을 활짝 열고 환대하라.

  – 쇼펜하우어

- 명랑함은 건강에 있어서 중요한 부분이다.　　　– A. 머피

- 마지막 웃는 자가 가장 잘 웃는 자이다.　　　– 존 반브로 경

- 모든 날 중 가장 완전히 잃어버린 날은 웃지 않는 날이다.　– 샹포르

- 우리가 가장 헛되이 보낸 날들은 웃지 않았던 날들이다.　– 샹포르

- 무엇이든 이상한 일과 부딪치면 웃는 것이 가장 현명하고 신속한 응답이
  며 어떤 처지에 부딪쳐도 비장의 위안이 된다.　　　– 멜빌

- 미소는 가장 강력한 영향력을 주는 유일한 것이다.　– 디오도어 루빈

- 미소는 행복의 보증에 불과하다.　　　　– 스탕달

- 사람들은 누구나 아침에 집을 나설 때 행복을 찾아 나선다.　– 스탕달

- 사랑과 웃음이 없는 곳에서 즐거움이 있을 수 없다. 사랑과 웃음 속에서
  살아라.　　　　– 호라티우스

- 사람은 누구나 자신의 웃는 모습에 주의해야 한다. 웃을 때는 그 사람의
  결점이 그대로 보여지기 때문이다.　　　– 에머슨

- 사람의 성격이 가장 잘 나타날 때는 누군가와 마주 대하여 말하고 듣고 웃을 때다. — 괴테

- 사람의 웃는 모양을 보면 그 사람의 본성을 알 수 있다. 누군가를 파악하기 전 그 사람의 웃는 마음에 든다면 그 사람은 선량한 사람이라고 자신 있게 단언해도 되는 것이다. — 도스토예프스키

- 사람의 웃는 얼굴은 햇빛과 같이 친근감을 준다. — 유게네 벨틴

- 사람의 웃음은 하나님의 만족이다. — 유게네 벨틴

- 아름다운 의복보다는 웃는 얼굴이 훨씬 인상적이다. 기분 나쁜 일이 있더라도 웃음으로 넘겨보라. 찡그린 얼굴을 펴기만 해도 마음이 한결 편해질 것이다. 웃는 얼굴은 좋은 화장일 뿐 피의 순환을 좋게 하는 효과가 있다. 웃음은 인생의 약이다. — 알랭

- 어떤 종류이건 간에 종교는 인생의 고통을 제거시키기 위한 것이다. 유머도 역시 고통에 대한 일종의 처방이다. 그러므로 종교와 유머는 밀접한 관계가 있다. — 맥스 이스트만

- 오늘 가장 좋게 웃는 자는 역시 최후에도 웃을 것이다. — 니체

- 웃음이 없는 진리는 진리가 아니다. — 니체

- 이 세상에는 남의 입장에서 우습지 않을 정도로 심각한 일은 없다. 남의 죽음까지도. 인간만이 이 세상에서 깊이 괴로워한다. 그러므로 인간은 웃음을 발명하지 않을 수 없었다. 가장 불행하고 가장 우울한 동물이 당연히 가장 쾌활한 동물인 것이다. — 니체

- 울지 않는 청년은 야만인이요, 웃지 않는 노인은 바보다.

  — 조지 산타야나

- 웃음이 인생의 한 가지 쾌락이라는 사실을 모르는 사람은 절대로 현자가 아니다. — 조셉 에디슨

- 웃어라, 그러면 세상도 그대와 함께 웃는다. 울어라! 그러면 그대 혼자 울게 된다. — 엘라 윌러 윌콕스

- 웃음은 인간관계의 도로 상에 있는 청신호이다. 그것은 암흑 속을 안내하는 손이요, 폭풍우 속에서 용기를 안겨주는 것이다. — 더글라스 미돌

- 웃음은 인간에게만 허용된 것이며 이성이 가지는 특권의 하나이다. — 리 핸드

- 웃음은 홍역처럼 전염성이 강한 것이다. 그것은 잠깐 사이에 사방으로 전염된다. — 하베이 함린

- 유머는 기분이 아니라 세계관이다. — 떼이야르 드 샤르댕

- 웃음은 마음의 치료제 일 뿐만 아니라 몸의 미용제이다. 당신은 웃을 때 가장 아름답다. — 칼 조세프 쿠 쉘

- 웃음은 전염된다. 웃음은 감염된다. 이 둘은 당신의 건강에 좋다. — 윌리엄 프라이

- 웃음은 잠재의식을 일깨우는 가장 고상한 길이다. — 윌리엄 프라이

- 웃음은 공포와 걱정을 없애주고 우리 몸의 치유 능력을 활성화시키는 힘이 있다. — 윌리엄 프라이

- 인간은 웃는 재주를 가지고 있는 유일한 생물이다. — 그레빌

- 즐거움에 찬 얼굴은 한 접시의 물로도 연회를 만들 수 있다. — 허버트

- 지구상에서 웃을 수 있는 것은 사람뿐이다. 보석들은 빛에 의해서 반사된다. 그러나 다이아몬드의 반사가 눈의 반사와 미소의 반사에 어떻게 비교가 된단 말인가? 꽃들은 웃을 수가 없다. 오직 인간만이 웃을 수 있다. 웃음은 세 가지 요소인 사랑, 명랑성, 그리고 기쁨에 근거한 것이다. 가정이건 대기실이건 간에 웃음은 우리의 마음을 가볍게 만드는 것이다. 웃음이 없는 얼굴은 꽃을 피우지 못하는 봉오리와 같은 것이다. 그것은 언젠가는 줄기에서 말라죽을 것이다. 웃음은 빛이요 찡그림은 암흑이다.
  – 헨리 워드 비처

- 진리는 웃음과 동반한다. 진정한 유머는 머리에서 나온다기보다 마음에서 나온다. 그것은 웃음에서 나오는 것이 아니라, 조용하게 띄우는 미소에서 나온다.
  – 토머스 칼라일

- 질병과 슬픔이 있는 이 세상에서 우리를 강하게 살도록 만드는 것은 웃음과 유머밖에 없다.
  – 찰스 디킨즈

- 찡그리는 데는 얼굴 근육이 72개나 필요하나, 웃는 데는 단 14개가 필요하다. 철학이 가미되지 않은 웃음은 재채기 같은 유머에 불과하다. 참다운 유머는 지혜가 가득 차 있다.
  – 마크 트웨인

- 인류에게 대단히 효과적인 무기가 있으니, 바로 웃음이다.
  – 마크 트웨인

- 웃음은 의사들에게 지불해야 할 돈을 줄이는 것이기 때문에 우리의 호주머니에 있는 돈과 같다.
  – 마크 트웨인

- 인류에게 한 가지 효과적인 무기가 있으니 그것은 유머다.
  – 마크 트웨인

- 웃음은 빙산도 녹인다.
  – 마크 트웨인

- 최후에 웃는 자가 가장 행복한 사람이다. — 디오게네스

- 한번 생각해 보라, 이 세상에서 살았던 사람들 중에서 지금까지 웃음 때문에 죽은 사람은 하나도 없다. — 맥스 비어봄 경

- 햇빛은 누구에게나 따뜻한 빛을 준다. 그리고 사람의 웃는 얼굴도 햇빛과 같이 친근감을 준다. 인생을 즐겁게 지내려면 찡그린 얼굴을 하지 말고 웃어야 한다. — 슈와프

- 웃으면 사람의 몸과 마음을 이롭게 하는 갖가지 경이로운 일들이 일어난다. — 앤드류 매튜스

- 웃는 사람은 실제적으로 웃지 않는 사람보다 더 오래 산다. 건강은 실제로 웃음의 양에 달려 있다는 것을 아는 사람은 거의 없다. — 제임스 윌스

- 웃음은 어떤 핵무기보다도 강하다. — 오쇼 라즈니쉬

- 우리는 행복하기 때문에 웃는 것이 아니고 웃기 때문에 행복하다. — 윌리엄 제임스

- 인생이 엄숙하면 할수록 웃음은 필요하다. — 빅토르 위고

- 인간은 웃는 재주를 가지고 있는 유일한 생물이다. — 빅토르 위고

- 인간관계에서 발생하는 분쟁의 약 99퍼센트는 커뮤니케이션 문제다. — 셸 웨스터

- 웃음은 가장 값싸고 가장 효과있는 만병통치약이다. — 러셀

- 웃음은 우주적인 약이다. — 러셀

- 유머 감각을 갖는 데는 돈이 들지 않지만 유머 감각을 갖지못하면 많은 비용을 초래할 수 있다.   – 밥 로스

- 웃음은 내 안의 잠든 에너지를 살려내고 주변을 조화롭게 변화시킨다.   – 노사카 레이코

- 성공은 늘 긍정적으로 생각하는 사람들의 몫이며, 그것을 지켜내는 것 또한 긍정적인 사람들의 차지다.   – 나폴레온 힐

- 유머란 오직 인간만이 가질 수 있는 신성한 능력이다.   – 구스타프 칼 융

- 무조건 웃어라. 웃음은 모든 것을 긍정적으로 바꾸어 놓는다.   – 틱낫한

- 유머감각이 없는 사람은 미소 짓는 법이 없다.
  유머감각이 없는 사람은 농담에는 대꾸조차 않는다.
  유머감각이 없는 사람은 먼저 말을 걸지도 않는다.
  유머감각이 없는 사람은 언제나 진지한 표정이다.
  유머감각이 없는 사람은 누구라도 가급적 접촉을 피하고 싶은 사람이다.
                               – 말콤 쿠슈너

- 웃음은 울음보다 더 멀리 들린다.   – 독일 속담

- 유머는 창의력을 불러일으키며 일상적인 사업에서 발생하는 스트레스를 감소시키며 심리적인 저항력을 향상시킨다.   – 폴 맥기

- 웃는 얼굴은 상대의 마음을 열게 하고 굳은 얼굴은 상대의 마음을 닫게 한다.   – 다니얼 맥닐

- 일과 재미는 언제나 하나가 되어야 한다.   – 매트 웨인스테인

- 재미없는 상품은 팔리지 않는다. 재미없는 인간은 더욱 팔리지 않는다.
  − 타니구치 마사카즈

- 웃음은 두 사람 사이의 가장 가까운 거리다. − 빅터 보르게

- 진지한 협상일수록 유머감각을 잊어서는 안 된다. − 나이토 요시히토

- 유머는 긴장을 없애주고 친밀감을 조성해 주는 작용을 한다.
  − 나이토 요시히토

- 웃음이 없는 사람은 가게문을 열지 마라. − 중국 속담

- 웃는 사람은 실제적으로 웃지 않는 사람보다 더 오래산다. 건강은 실제
  로 웃음의 양에 달렸다는 것을 아는 사람은 거의 없다. − 제임스 월시

- 성인이 하루 15번만 웃고 살면 병원의 수많은 환자들이 반으로 줄어들
  것이다. − 조엘 굿맨

- 당신이 웃고 있는 한 위궤양은 악화되지 않는다. − 패티 우텐

- 유머감각이 없는 사람은 스프링이 없는 마차와 같다. 길 위의 모든 조약
  돌 마다 삐걱거린다. − 헨리 와드 비처

- 나 하나가 웃음거리가 되어 국민들이 즐거울 수 있다면 얼마든지 바보가
  되겠다. − 헬무트 콜

- 유머감각은 지도자의 필수조건이다. − 하드리 도노번

- 일은 즐거워야 한다. 유머는 조직의 화합을 위한 촉매제다.
  − 허브 켈러허

- 함께 웃을 수 있다는 것은 함께 일할 수 있다는 것을 의미한다.

  – 로버트 오벤

- 웃음은 최고의 결말을 보장한다. – 오스카 와일드

- 사람은 함께 웃을 때 서로 가까워지는 것을 느낀다.

  – 레오 버스카글리아

- 나는 웃음의 능력을 보아왔다. 웃음은 거의 참을 수 없는 슬픔을 참을 수 있는 어떤 것으로 더 나아가 희망적인 것으로 바꾸어 줄 수 있다.

  – 봅 호프

- 운명과 유머는 같이 세계를 지배한다. – 하비 콕스

- 나에게 유머를 즐길 수 있는 센스가 없었다면 자살하고 말았을 것이다.

  – 간디

- 세상에서 가장 재미있는 일들을 이해하지 못한다면 가장 심각한 일들을 상대할 수 없을 것이다. – 윈스턴 처칠

- 유머의 꽃은 슬픈 시대에 핀다. – 유대인 격언

- 노인들의 벙그레한 웃음이야말로 최고의 웃음이다. – 도산 안창호

- 웃음은 만국공통의 언어이다. – 조엘 굿맨